萬里機構

利瑪竇的奇妙人生

李韡玲 編著

THE INTRIGUING JOURNEY OF

Matteo Ricci

利瑪竇的奇妙人生

隱堂題

李卓吾與友人書云、利西泰是一種標致人也、中極玲瓏、外極樸實、我所見人、未有其比、非過譽則過諂、非露聰明則太悶悶瞶瞶者、皆讓之矣。有詩贈利西泰、道逢下北滇、迤邐向南紀、刹利標名姓、仙山紀水程、回頭十萬里、舉目九重城、觀國之光未、中天日正明。

庚子初春隱堂識

情比金堅

今年是意大利籍耶穌會神父利瑪竇逝世 410 周年，剛巧也是中國和意大利建立雙邊關係的 50 周年，這自然令人想到利瑪竇聯繫中國和意大利以至全世界的貢獻。利瑪竇於 1582 年 8 月 8 日抵達澳門，他成功把人類歷史上兩大文明典範，中國的明朝和意大利的文藝復興，以信仰、友誼和科學之名連在一起。利瑪竇來華的主要目的是在中國的各大城市傳福音，並為傳教活動爭取合法地位。因此，他需要得到北京朝廷明示或暗示的允許。

不過，傳播福音並不是利瑪竇來華唯一的目的，耶穌會傳教士也希望提倡西方的知識和價值觀。歐洲當時的學院，認為科學與神學都是源於同一個背景，因此可以融合為一條通往結合人類知識與信仰的路徑。有了這樣的認識，就能更易明白為何利瑪竇不僅是一個傳教士，亦是一位科學家、數學家和哲學家。

利瑪竇能夠講、讀和書寫中文，贏得中國人的欽羨，使他成為兩個文化之間最好的使者。他通過建立友誼之門來進入中國，而非強行闖入。他的《交友論》頗為當時的士大夫接受，包括有名的思想家李贄。

他在文化界的聲譽，亦使他成為首位獲許在中國下葬的歐洲人。多得他的努力，使兩個看來很不同的文化能夠互相學習，引領今天中國和意大利建立牢固的友誼。

感謝李韡玲小姐的熱心，把中西文化交流先鋒利瑪竇神父的歷史、文化和宗教遺產，以本書傳承下來。

孔德樂

意大利駐港澳總領事

（本文中譯：黃岐［醫生、作家］）

~ The Man With a Heart of Gold ~

This year marks the 410th anniversary of the death of the Italian Jesuit missionary Matteo Ricci. Hence, it seems most natural to remember his contribution as a mediating figure between not only China and Italy, which are celebrating this year the 50th anniversary of their bilateral relations, but between China and the whole rest of the world.

Landed on the 8th of August 1582 in Macao, the Jesuit was able to connect two of the most celebrated civilizations in the history of mankind, Ming dynasty's China and the Italian Renaissance, in the name of faith, friendship and science. Ricci's main aim was to contribute to the spreading of Christianity in China's main cities, and to secure the legitimacy of its predicaments. In order for this to be granted, the missionary was in need of an approval, implicit or explicit that it might be, from the Ming court in Beijing.

However, the spreading of Christianity was not the only goal that Ricci had. The Jesuit's mission was also aimed at promoting western knowledge and values: in the academic European formation at the time, science and theology were considered to stem from the same background, and were merged into one single path leading to an integration of human knowledge and faith. Bearing this in mind, it is easier to comprehend the role of Ricci not only as a Christian missionary, but also as a scientist, mathematician and philosopher.

Matteo Ricci, who was able to speak, read and write in Chinese, exerted fascination among the Chinese population, positioning himself as the perfect mediator between cultures.

He did not want to force his way into China but aspired to enter through the placid doors of friendship. His literary oeuvre *On Friendship* was quite well received by his contemporary Chinese literates, among which the eminent thinker Li Zhi.

For his cultural prestige, Matteo Ricci was the first European who was granted a burial place in China.

Thanks to his work, two seemingly very different civilizations were able to learn from each other, leading the way to today's strong friendship between Italy and China.

I wish to thank Maria Lee for this book as well as her dedication to the historical, cultural and religious legacy of Father Matteo Ricci, a pioneer in the dialogue between East and West.

Clemente Contestabile
Consul General of Italy
in Hong Kong and Macau

為利瑪竇着迷

許多人屍骨未寒已經被生者拋諸腦後，像風一樣
消失了。縱使活了一百年又如何？總算在人間走
了一圈看過花花世界而已。可是，有人過世了屍
骨早已跟天地融為一體，但，100 年過去了 200
年過去了 300 年過去了 400 年過去了，他就是音
容宛在叫人懷念。彷彿一種學說一個軸心一個寶
藏，總是說不完挖不盡。世界就繞着他旋轉。他
跨越了宗教跨越了科學跨越了文化跨越了藝術也
跨越了天與地，他是宇宙人。但這位宇宙人不過
是一名意大利天主教傳教士而已，但魅力非凡。
他的名字是 Matteo Ricci，為了成為中國人他為
自己改了一個中國名字「利瑪竇」。

利瑪竇踏上中國土地時剛好 30 歲，也正是明朝
萬曆十年。58 歲那一年他積勞成疾，病逝北京，
結束了短短的一生。可他並沒有就此隨風飄散，
明神宗破天荒賜塋地予這名外邦人並給予厚葬，
他成了第一位得以下葬中華大地的外國人。他的

喪禮極盡哀榮，以中國傳統的殯葬儀式來舉行。利瑪竇在中國這段日子是吃盡苦頭的，包括他死後這 410 年來他的墓地也歷盡滄桑。不過，世人卻為他的言行、他的胸襟、他的目光、他對中國對世界發展奠下的基礎着迷。他從來都是一個領航人。到了今天，他的「利瑪竇規矩」對文化、宗教的互相尊重，對世界大同的冀盼仍然發揮着一定的影響力。

這就是促使我編寫第二本利瑪竇在中國的原因。我強調編寫二字，因為得到二十多位中外利瑪竇專家、學者二話不說抽出寶貴時間為這本書「供稿」和翻譯，因此我是編集者，而由於我也是本書的作者之一，合起來就是編寫人了。特別要向意大利駐港澳總領事 Mr. Clemente Contestabile 致謝，他處事的爽快和誠懇，令我深深感動。這不啻是一個美妙又偉大的組合，相信也是利瑪竇神父和他的跟隨者樂見的。

// 於利瑪竇故鄉瑪切拉塔城留影

李韡玲

2020 年 2 月 10 日
香港。世紀病毒正肆虐的晚上

~目錄~

~作者簡介~

（＊作者名稱按文章次序排列）

鄭培凱（隱堂）

學者、書法家。台灣大學外文系畢業，耶魯大學歷史學博士，哈佛大學博士後，曾任教紐約州立大學、耶魯大學、台灣大學等。1998 年應聘到香港城市大學創立中國文化中心。目前是香港非物質文化遺產諮詢委員會主席。2016 年獲頒香港特區政府榮譽勳章。著作以文化意識史、文化審美、經典翻譯等，以及文化變遷與交流為主。近作有《湯顯祖：戲夢人生與文化求索》等，另有漢學研究譯叢，如《史景遷作品》叢刊等。

李秀梅

畢業於中國政法大學研究生院。任教於北京市委黨校（北京行政學院）法學教研部，2000 年 9 月至 2001 年 9 月在匈牙利羅蘭大學法學院做訪問學者。現為中國社會法學研究會理事、中國明史學會利瑪竇分會會員、北京行政學院副教授（研究專題為利瑪竇）。

余三樂

中國著名的利瑪竇專家。中國明史學會理事、中國對外關係史學會理事、中國明史學會利瑪竇分會名譽會長。著有《孫承宗傳》、《早期西方傳教士與北京》、《中西文化交流的歷史見證》、《望遠鏡與西風東漸》、《尋訪利瑪竇足跡》等，翻譯外國漢學名著《一代巨人》和《南懷仁的〈歐洲天文學〉》。

沈昌瑞

大專學歷。上世紀 50 年代開始在北京行政學院不同崗位工作，並見證了利瑪竇及其他天主教傳教士及耶穌會會士墓園的變化滄桑。1987 年因工作關係負責擔任此墓園歷史講解員至今。每日接待不同到來參觀的海外和本地使節及學術團體。與余三樂教授二人同有「利瑪竇墓園活字典」之稱。曾發表〈追尋山字樓——北京紅葡萄酒源起〉等相關文章。

周守仁

耶穌會神父、教育家。生於香港，中學畢業於耶穌會主辦的香港華仁書院。他於 2006 年獲哈佛大學頒授教育博士學位。周神父是教育心理學家，特別關注青少年的發展。他從事耶穌會教育工作多年，並於 2007 年和 2008 年接任香港及九龍兩間華仁書院的校監至今。2018 年開始擔任耶穌會中華省會長。他也是北京學術機構「北京中國學中心」的董事會成員，這個中心的使命是傳承明清兩代利瑪竇神父和耶穌會先賢的建搭中西文化交流橋樑的方法，繼續促進中國與西方世界之間的文化和知識交流。

孫旭義

旅居意大利瑪切拉塔（Macerata）的中國籍神父、學者。拉特朗大學 ITM di Fermo 神學學士、ITM di Ancona 聖事論神學碩士及博洛尼亞大學 FTER di Bologna 福傳神學博士。目前是 Macerata 利瑪竇研究中心主任兼研究員，也是籌備冊封利瑪竇為真福品的歷史委員會成員之一。筆耕不斷，著作有《感恩祭在中國》（意大利文）等，意大利文譯著則有《天主實義》等。

張錯

本名張振翱，中學畢業於耶穌會主辦的九龍華仁書院。西雅圖華盛頓大學比較文學博士。著名詩人、學者、文化評論家。美國南加州大學東亞系及比較文學系榮譽正教授，現任台北醫學大學人文藝術講座教授。曾獲台灣時報文學獎詩首獎、國家文藝獎。著作 60 餘種，包括中西文學研究、藝術文化評論。近著有《蓪草與畫布：19 世紀外貿畫與中國畫派》、《遠洋外貿瓷》。

梁卓偉

醫生、音樂家。中學曾就讀耶穌會主辦的香港華仁書院。哈佛大學公共衞生碩士、香港大學醫學博士。現任香港大學醫學院院長、施玉榮伉儷基金（民眾健康）教授及公共衞生醫學講座教授。曾擔任香港特區政府食物及衞生局副局長及行政長官辦公室主任。近作有《大醫精誠——香港醫學發展一百三十年》。

柯毅霖 Gianni Criveller, PIME

意大利宗座外方傳教會神父、學者、利瑪竇專家。1993 年 12 月從家鄉米蘭東來傳教。曾於北京、台灣、澳門及香港擔任教學及研究工作，目前香港、米蘭兩邊走。他亦是香港聖神修院的教授、聖神研究中心研究員。研究範疇包括中國與基督教，特別是中國對基督教的接納、策略和傳教工作。筆耕不斷、著作豐富。

關永圻

中學畢業於耶穌會主辦的九龍華仁書院。香港中文大學社會科學學士、哲學碩士，主修社會學。曾在香港中文大學及美國加州三藩市州立大學修讀工商管理碩士課程。香港中文大學教育文憑。從事翻譯、寫作及出版工作 30 餘年，歷任出版社編輯、策劃、宣傳推廣及出版管理、大型連鎖書店零售管理工作。出版工作職位退休後，改從事公共政策研究工作，曾為不同智囊機構撰寫公共政策研究報告，並長期為香港及海外各大報刊雜誌撰寫專欄及書評文章。

徐錦堯

香港出生、成長。香港天主教教區神父。在羅馬攻讀神學、英國攻讀教育。長期致力於信仰與生活、聖經與中國文化、宗教和社會的互動及交談，以及教徒信仰的生活化和生活質素的提升。經常在香港、台灣、中國內地和海外為華人作各種宗教和學術培訓工作。著作有宗教、靈修、德育及國民教育等叢書70餘冊。重要作品有《正視人生的信仰》、《香港情、中國心》等等。

李兆華

醫生。香港大學醫學院畢業後，隨即加入青山醫院精神科，及後負笈英國及新西蘭深造。1994年香港老年精神專科成立，他為創會要員之一，致力為本地長者提供國際級水平的精神健康服務，同時也熱衷參與社會事務。2000年獲頒香港特別行政區榮譽勳章。近作有《戰後香港精神科口述史》。

周景勳

神父、學者，台灣輔仁大學哲學學士碩士博士。羅馬傳信大學神學學士。現任香港聖神修院神哲學院哲學部教授、香港天主教宗教聯絡委員會主席、梵蒂岡宗座宗教交談會顧問。

羅世範（Stephan Peter Rothlin SJ）

耶穌會會士、學者、作家、公司總裁、鋼琴家，目前是澳門利氏學社社長、北京羅世力國際管理諮詢有限公司總裁。生於瑞士，母語為德語。通曉中文、法文、英文、西班牙文和意大利文。持有經濟學博士、哲學和商業倫理學博士以及道德神學博士學位。曾旅居中國10年，期間曾於北京大學、清華大學、人民大學等出任系主任、講師等職位。他筆耕不斷，著作豐富，最新作品為《北京夜談：上帝與中國的世界》。

鍾炳基

1972 年畢業於香港中文大學。移民加拿大後，在卑詩省西門菲沙大學進修教育課程，又在卑詩大學完成電腦教育學及圖書館管理學，並於 2005 年獲卑詩大學聖馬爾谷書院頒授宗教教育碩士學位。從事教育工作外，亦曾在中僑互助會、務適移民及難民服務中心、溫哥華學校局等做義工，並曾在聯邦政府資助下，往卑詩省多個小鎮為老華僑進行口述歷史錄音訪問。著作有《福傳萬家——六位香港神父的故事》。

 黃維義

中學畢業於九龍華仁書院。之後入讀香港理工學院會計系並考獲加拿大渥太華大學 EMBA 學位。曾任職國泰航空公司香港及加拿大財務部 20 多年。目前為香港中華煤氣有限公司執行董事兼營運總裁，負責香港及內地公用業務。

 李國維

生於天主教家庭，中學畢業於香港聖若瑟書院。1984 年畢業於香港大學醫學院，負笈英國倫敦大學學院醫院深造。曾於澳洲皇家阿德萊德醫院工作。1996 年至今一直於香港瑪麗醫院及香港大學醫學院服務，是血液及血液腫瘤專科醫生、血液幹細胞移植專家。

 徐錫漢

1990 年畢業於香港大學醫學院。目前為香港瑪麗醫院副行政總監、急症室部門主管。他也是香港首批臨床毒理專科醫生之一。自中學二年級開始加入聖母軍，大學期間加入設於利瑪寶宿舍的 Our Lady of the Wayside Praesidium 聖母軍支團，1990 年醫學院畢業後，仍然繼續參與聖母軍的工作、祈禱和活動，多年來從不間斷。他認為聖母軍的精神令他明白如何去成為一位謙卑以及富同理心的醫生。

林慧怡

香港大學利瑪竇宿舍聖母軍支團 Our Lady of the Wayside Praesidium 團員，慕道團及主日學導師。現職中學教師，擔任校內青年支團指導老師。

劉曉生

暨南大學美學（書法方向）碩士。現任肇慶名城與旅遊發展研究會副會長。從事地方文物博物工作，主要研究方向為利瑪竇與中西文化、六祖與禪宗文化、嶺南摩崖石刻文化、端硯文化。

范雪梅

生於廣東梅縣。上世紀 90 年代畢業於廣東省華南師範大學，專攻圖書館管理。上世紀 90 年代給派往廣東肇慶端州圖書館工作，致力文化推廣。2005 年參與籌建及創立肇慶市圖書館，2007 年出任館長。2014 年出任肇慶市博物館黨支部書記，2015 年受命創辦肇慶學院博物館並出任館長至今。

寶的、
瑪地天
利墓天
今
昨

不教奇骨任荒寒——
利瑪竇墓地410年

利瑪竇在北京，頗受皇帝的恩寵，雖然不能影響朝政，卻獲得皇帝賜第給廩，算是欽准納入了統治階層的圈子，有了與朝廷命官及士大夫平起平坐的法理了。

~鄭培凱

香港城市大學中國文化中心創辦人

利瑪竇
獲賜墓地

利瑪竇死後，耶穌會會士們通過李之藻上了奏折，又得到皇帝的欽准，賜了一塊墓地，就在當時北京的西城外。《帝京景物略》是這麼記的：「越庚戌（1610年），瑪竇卒，詔以陪臣禮葬阜成門外二里，嘉興觀之右。其坎封也。異中國，封下方而上圜，方若台址，圜若斷木。後虛堂六角，所供縱橫十字文。後垣不雕篆而旋紋。脊紋，螭之岐其尾。肩紋，蝶之矯其須。旁紋，象之卷其鼻也。垣之四隅，石也，杵若塔若焉。」

墓地南面是一座二重院落，堂前立一石碣以紀念利氏在天文曆法上的貢獻。而石碣底座上的銘文：「美日寸影勿爾空過，所見萬品，與時並流」。

利瑪竇
生卒年考

利瑪竇於 1552 年 10 月 6 日，在意大利一個漂亮山城馬切拉塔（Macerata）出生。30 歲的時候來到澳門，萬曆二十八年十二月晉京，欲謁見明神宗萬曆皇帝。中國傳統的陰曆十二月，一般都是西曆的下一個年頭。利瑪竇晉京的時間很不巧，正好是中西曆已經交替改換之時，所以，引起了換算的混亂。不過，這是歷史研究的初步認識，麻煩歸麻煩，認識還是得有。因此，萬曆二十八年是公元 1600 年沒錯，利瑪竇於萬曆二十八年到北京也沒錯，於公元 1601 年到北京也沒錯。沒錯，沒錯，錯的是腦子裏少了根弦，不知道中國陰曆年底極可能就是公元陽曆次年的年初。

利瑪竇在北京，頗受皇帝的恩寵，雖然不能影響朝政，卻獲得皇帝賜第給廩，算是欽准納入了統治階層的圈子，有了與朝廷命官及士大夫平起平坐的法理了。不幸的是，他在北京只生活了 9 年，於 1610 年 5 月 11 日病逝。關於他是甚麼時候死的，現在的歷史紀錄也不同，有的說 1610 年 4 月死，有的說萬曆三十八年庚戌五月十一日死，好像眾說紛紜，其實，又是因為中西曆錯亂之故。應該說，他死於中國陰曆的萬曆三十八年四月，即是公元陽曆 1610 年 5 月 11 日。公曆的日子詳盡，因為是耶穌會自己記載的。

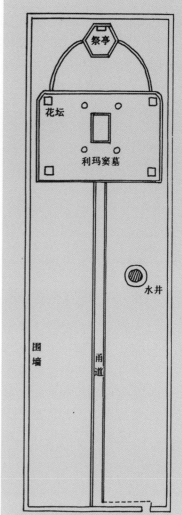

//1615 年利瑪竇墓地平面示意圖（圖片來源：《ZHALAN 柵欄》）

龐迪我──
最偉大的西班牙漢學家

利瑪竇在北京病故，龐迪我奏請萬曆皇帝為利瑪竇賞賜墓地，最終獲得阜成門外仁恩寺地塊……「利瑪竇和外國傳教士墓地」每一通墓碑都是中西文化交流的歷史證物。

~ 李秀梅

中國明史學會利瑪竇分會會員
北京行政學院副教授（研究專題為利瑪竇）

2018 年 11 月 27 日，在對西班牙王國進行國事訪問之際，中國國家主席習近平在西班牙《阿貝賽報》發表題為〈闊步邁進新時代，攜手共創新輝煌〉的署名文章。習主席的文章中主要提及五位西班牙人士：耶穌會傳教士龐迪我、多明我會傳教士高母羨、大文豪塞萬提斯、當代翻譯家雷林科女士、思想家加塞特。文章稱讚「西班牙人龐迪我將西方天文、曆法引入中國」。其實，除「將西方天文、曆法引入中國」之外，龐迪我在中西文化交流的其他方面亦作出了重要貢獻。

龐迪我
其人

龐迪我（Diego de Pantoja），字順陽，亦作「龐迪我」、「龐迪崴」等，1571 年 4 月 24 日出生於西班牙馬德里附近塞維利亞教區巴德莫拉城（Valdemora）。1589 年 4 月 6 日，18 歲的龐迪我來到托萊多（Toledo），加入了耶穌會，並在修道院接受嚴格的訓練。1596 年 4 月 10 日，他乘船離開里斯本，開始東來傳教的旅程，歷時 7 個月，於 1596 年 10 月 25 日抵達印度果阿（Goa），接觸到佛教。

龐迪我在 1597 年 7 月 20 日抵達澳門。此舉意義重大，因為他成為明清時期為數不多的通過此管道來華的西班牙籍耶穌會會士。16 世紀中葉，入居澳門後，通過保教權，葡萄牙人控制了東來中國的通道。由於葡萄牙、西班牙之間存在競爭與衝突，西班牙籍耶穌會會士非常難得來到中國。著名天主教史學家、曾任教於台灣大學的方豪神父曾經指出：「明末清初來華天主教教士以耶穌會會士為多。耶穌會創辦人是西班牙人，但來華會士中，西班牙人卻少得可憐！」

在澳門神學院繼續學習神學課程、等待命令兩年多之後，1599 年 10 月底，龐迪我利用廣州集市貿易之機潛入中國內陸。後來，他穿着中國服裝乘船北上。1600 年 3 月，龐迪我抵達南京與利瑪竇會合，並於 1601 年 1 月 24 四日與利瑪竇來到北京。他們向萬曆

// 今日的利瑪竇墓地鳥瞰圖（相片來源：余三樂）

皇帝進獻重禮自鳴鐘，博得皇帝歡心，獲准居住京師，並有機會出入紫禁城。利瑪竇、龐迪我在傳教工作中分頭並進，利瑪竇主要把精力放在結交中國的官場名人、儒生雅士以及著書立說上；龐迪我則傾心於在形形色色的中國人中間傳教。

在 9 年後的 1610 年 5 月 11 日，利瑪竇在北京病故，龐迪我出任北京會院代理監督並負責利瑪竇身後事宜。他草擬並由李之藻潤飾了一份奏章，奏請萬曆皇帝為利瑪竇賞賜墓地，最終獲得阜成門外仁恩寺地塊。

1611 年 11 月 1 日，利瑪竇被安葬在阜成門外二里溝（今車公庄大街六號北京市委黨校）。此舉成功且具有重要

意義，是震驚世界之舉。張鎧先生在《龐迪我與中國》一書中這樣寫道：「為利瑪竇申請到墓地並為其舉行莊嚴、隆重的安葬儀式，這不僅僅是龐迪我個人的成功，更重要的是，這一事件標誌着西方傳教事業在中國取得了歷史性的進展。」龐迪我也因而聲望倍增。

萬曆皇帝「禁教」，龐迪我被逐

萬曆皇帝終於下令「禁教」。1617 年 3 月 18 日，龐迪我在北京做完最後一次彌撒，由兵部派員押往廣東。在廣州被關押七個月之後，龐迪我被逐至澳門。在澳門停留期間，因為感到傳教工作難以為繼，龐迪我上疏萬曆皇帝，但是並未得到答覆。1618 年 7 月 9 日（有說當年一月者），龐迪我病故於澳門，終年 47 歲。

龐迪我之於中西文化交流

作為耶穌會中傑出的西班牙籍傳教士，龐迪我在中西文化交流方面作出了許多可圈可點的重要貢獻。

向歐洲全面介紹明代中國

龐迪我由南至北遊歷了大半個中國，有機會深入體察中國國情；出入紫禁城及與中國士大夫階層的交往，進一步加深了他對中國統治體制的認識。1602 年 3 月 9 日，龐迪我從北京寫了一封長信給西班牙托萊多主教路易士·德·古斯曼（Luis de Gusman），題曰〈一些耶穌會會士進入中國的紀實及他們在這一國度看到的特殊情況及該國固有的引人注目的事物〉，對中國的方位、山川、地勢、物產、經濟、歷史、文化、宗教信仰、風俗禮儀、政治外交、宮廷內幕等作了百科全書式的大量介紹。因為「該文獻基本上代表了 16 世紀和 17 世紀之交歐洲人對中國最全面、最

客觀的認識」，遂受到了普遍的重視和歡迎。1604 年，它的西班牙文本被公開刊印，隨後又被譯成法文、德文、拉丁文和英文，並多次再版。

同時，龐迪我亦糾正了一些歐洲通行的輿地學錯誤。當時的歐洲地圖上普遍繪製中國北方有一個首都為「汗八里」、稱作「契丹」的國家。通過多方論證，龐迪我證實「契丹」即中國，「汗八里」即「北京」。他向歐洲寄回了一張《洪迪烏斯中國地區（Hondius His Map of China）》和明人羅洪先編繪的《廣輿圖》，校正了歐洲地理學家普遍持有的重大錯誤：把北京的緯度定在北緯五十度。通過實勘，龐迪我將其定在北緯四十度。通過測定廣州的緯度，他確定了北京到廣州的距離，進而確定中國的四至。

向中國人介紹世界地理，促進了地理知識的東西交流

龐迪我在 1612 年曾為萬曆皇帝繪有由四幅拼成的世界地圖《萬國地海全圖》，並請倪雅谷（Jacques Neva）修士加以彩繪並用飛金的各種裝飾使之富麗堂皇。圖之四周附有說明，略述各國之地理、歷史、政治、物產。徐光啟又以絢麗文筆作有關天主教及其主要教義的介紹，附於圖上。萬曆皇帝及其宮臣見圖後對其繪事之精頗為讚賞。

// 李秀梅（左）與李韡玲攝於校園一角（相片來源：李秀梅）

參加明朝的修曆工作

1610 年 12 月北京出現日蝕，欽天監預測日蝕不準確，朝野震驚。1611 年，龐迪我和意大利籍傳教士熊三拔（P. Sabatino Ursis）奉朝廷之命從事修改曆法的工作。而且，以徐光啟為代表的中國學者和龐迪我為代表的傳教士共同努力，在北京和天津定立了兩個科學實驗中心。北京的科學實驗中心就是北京會院（南堂）。後來，龐迪我和孫元化合作完成了《日晷圖法》。

將歐洲的數學和醫藥學知識引進中國

除天文學與修曆外，龐迪我在數學方面亦有很高的造詣，曾接受徐光啟的邀請參加對《幾何原本》的翻譯和增訂工作。龐迪我曾傳入歐洲醫藥學的藥露製作法。

促進中國與歐洲在文學哲學和語言學方面的交流

在龐迪我的著作中，他大量引用歐洲古代賢哲的名言、警句、《伊索寓言》和《聖經》中的故事，從而介紹了希臘、羅馬古典文化。在學習和研究漢語的過程中，龐迪我十分注意研究漢語語音學的規律，並把中國語言文字的特點向歐洲作了介紹。

他撰寫了一批中文著作，被中國士大夫稱為「龐公」、「龐子」。主要有《七克大全》（簡名《七克》）、《天主實義續編》、《人類原始》、《天神魔鬼說》、《天主耶穌受難始末》、《具揭》，還有一些給萬曆皇帝的奏疏。1614 年，龐迪我著《七克》，徐光啟為之潤色並撰《克罪七德箴贊》，曹於汴等寫序、跋。《七克》是一部論述道德修養的倫理之著，又是一部宣揚基督教精神的佈道之書。《七克》說，人生來有七種罪惡慾念：傲、妒、貪、憤、饕、淫、怠，「為克其心之罪根，植其心之德種，就要以謙伏傲、以仁平妒、以施解貪、以忍息憤、以淡寒饕、以貞防淫、以勤策怠」。龐迪我在書中「盡量模糊基督教教義和儒家學說之間的界線，甚至着意尋找兩者之間的契合點」，他認為「七克」必須首先建立在對上帝虔信之上才能實現。《七克》是龐迪我最為重要的中文著作。

龐迪我 ——
西中文化交流的橋樑

明末清初來華傳教士中，以耶穌會會士最多。雖然耶穌會的會祖是西班牙人羅耀拉（Ignatius Loyola），但來華會士中卻很少有西班牙人。根據拉丁文《1552 年至 1779 年中國耶穌會會士名錄》統計，明嘉靖三十一年至清乾隆四十四年的 227 年之間，在 456 名會士中，葡萄牙人達 153 人、法國 96 人、意大利 62 人、比利時 13 人、德國 12 人、西班牙只有 6 人。由於龐迪我是少數能夠前來中國傳教的西班牙籍耶穌會會士，並曾經長期與利瑪竇一起在北京傳教，為利瑪竇申請到埋葬在北京的殊榮，而且著述成果豐碩，方豪神父便把龐迪我稱為「最偉大的西班牙漢學家」。

// 依蘇式建築風建成於 1950 年代的北京市委黨校
（相片來源：北京行政學院）

作為中西文化交流橋樑式的關鍵人物，龐迪我對西方世界、對當時中國的認識起到了重要的作用。但是，很長一段時間，龐迪我幾乎處於被遺忘的角落。不過，這種情形正在改變。2018 年，龐迪我辭世 400 年，世界各地舉辦了各種活動。例如，2018 年 9 月 5 日，「中國與西班牙文化交流史之思考——紀念龐迪我逝世四百周年」研討會在北京外國語大學舉行。此次研討會由西班牙駐華大使館、北京塞萬提斯學院與北京外國語大學比較文明與人文交流高等研究院攜手主辦，邀請了致力於中國與西班牙及西語世界關係史研究的專家學者，就上述三方人文交流的歷史、現狀和未來進行研究探討。

習主席沒有忘記 400 多年前曾經生活在中國的西班牙人龐迪我。他說，歷史表明，儘管相距遙遠，但中西文明交相輝映、相互吸引，堅持走交流互鑒、共同發展的道路。

筆者更不會忘卻龐迪我。自從 1993 年春天畢業分配到中共北京市委黨校任教以來，筆者幾乎天天生活在車公庄大街六號院裏。校園裏有一處全國重點文物保護單位「利瑪竇和外國傳教士墓地」，這塊墓地也被稱為「葡萄牙墓地」，區別於後來建於正福寺旁邊的「法國墓地」。自從 2001 年 9 月 10 日結束在匈牙利為期一年的訪問學者生涯歸國以來，了解這塊墓地的歷史和這些墓主在中西文化交流中的貢獻一直是筆者自覺自願而且樂此不疲的業餘愛好。2018 年 7 月 6 日，當一位西班牙教授來學校參加學術活動之後參觀墓地的時候，筆者對他說的第一句歡迎詞是這樣的：這塊墓地裏雖然沒有埋葬任何一位西班牙傳教士，但是，這塊墓地卻是由西班牙人龐迪我申請得來的。龐迪我應該是第一位踏上這

// 欄柵內就是柵欄墓地（M.Lee 攝）

一小塊土地的外國傳教士。教授表示，他回國以後將查閱一些資料，多多了解自己四百年前逝世於中國澳門的同胞龐迪我。

其實，「利瑪竇和外國傳教士墓地」的 63 位墓主（包括 49 位外國傳教士和 14 位中國天主教神職人員或者教友）都是中西文化交流的實踐者和見證人。每一通墓碑都是中西文化交流的歷史證物。如今，人類社會正在成為你中有我、我中有你的命運共同體。在這個共同體中，我們每個人都是龐迪我一樣的文化交流的使者，我們每個人都可能成為龐迪我一樣的文化交流的橋樑。

利瑪竇和外國傳教士墓地
所肩負的三個使命

墓地的修復和開放，向世界展示出我們國家正在逐漸向着尊重歷史、尊重科學、尊重宗教信仰自由和日益具有親和力的方向發展……墓地又是連接中外人民友誼的紐帶。

~余三樂

利瑪竇專家
中國明史學會利瑪竇分會名譽會長

位於北京市委黨校院內的國家重點文物保護單位——「利瑪竇和外國傳教士墓地」自1979年恢復重建至今，已經超過40年了。在傳教士碑林的門口有一隻石刻的臥羊，它從甚麼時間起就在這裏守候着，度過了多少個羊年，過去它日睹了甚麼值得記錄的事件，已經沒有人能夠說清了。但是從1979年那個羊年，到2015年這個羊年，這36年時光幾乎都與我在這個校園的工作與生活的歲月相重合。現在，是將其作一個總結的時候了。

// 北京市委黨校內的「墓地」簡介石碑（M.Lee攝）

重建利瑪竇、
湯若望、
南懷仁的墓地

利瑪竇墓地在 1979 年遭受「文革」破壞後得以重建。
1986 年傳教士碑林建立，成為北京市文物保護單位。

隨着 1978 年「文革」後的撥亂反正，在北京的有關單位人
士已經開始關注利瑪竇墓地的恢復重建問題了。6 月 23 日
北京市民政局宗教處，就利瑪竇墳墓情況作調查。7 月 8 日，
時任中國科學院自然科學史研究所所長的倉孝和給朋友的
一封信中，稱「當前對三人（指利瑪竇、湯若望、南懷仁）
的墳墓進行一定程度的修復有現實政治意義。因此我們認
為修復利瑪竇等三人的墳墓是有必要的。」7 月 12 日北京
大學校長周培源致信北京市主管科技工作的副市長白介夫，
要求修復三人的墓。但是北京市委統戰部認為，這不是一
個北京範圍的問題，宜請示中央決定為宜。問題就被擱置
了。

解決問題的「臨門一腳」還是來自國外。1978 年 9 月，中
國社會科學院副院長許滌新率學術代表團赴意大利參加「歐
洲研究中國協會」舉行的會議，會後到威尼斯、羅馬等城
市訪問。在羅馬，代表團遇到了一位在利瑪竇故鄉的一所
大學裏講授中文的柯拉迪尼教授，他也是這次盛情邀請和
熱情接待中國客人的意大利友人之一。柯拉迪尼教授說：
上半年，他與身為意大利政府交通部長和意中經濟文化交

// 利瑪竇於 1600 年（庚子年）抵北京。今年 2020 年（庚子年）是利公逝世 410 年。（相片來源：《ZHALAN 柵欄》）

流協會會長的科隆博一道訪華時，了解到在北京市委黨校院內的利瑪竇墓地已被平毀。他轉達了科隆博和他本人的一個願望，即按照意大利保存的這座墓碑的仿製品，用大理石重新鎸刻一尊新碑，贈送給中國，重樹在原處，以表達對這位 300 多年前終生致力於意中文化交流的先哲的紀念。

許滌新回國後，即向時任中國社會科學院院長胡喬木寫了一份報告，匯報了上述情況，並且建議：「鑑於上述意大利學者和友好人士對利瑪竇墓的重視，擬請院部向中央建議，對利瑪竇的被平毀的墳墓，加以修復，保存中西學術交流的一個重要史蹟。是否有當，請考慮。」胡喬木閱後，隨即上報給李先念副主席，並注上「請審批，擬同意」六個字。

筆者在北京民政局檔案室查閱到這份報告的複印件。在報告的文眉間，不僅有李先念副主席圈閱的標記，而且，當時另外四位最高領導人華國鋒、葉劍英、鄧小平、汪東興圈閱的標記也赫然其上[1]。

得到了最高領導層全體的認可，中國社會科學院即於 10 月 24 日向北京市革命委員會發出一份題為〈關於請修復意大利學者利瑪竇墓〉的函件。

函件的全文如下：

「在我國元朝（筆者注：應為明朝），意大利學者利瑪竇來中國講學，後來死在中國，葬在北京現市委黨校院內。現在墓、碑均已平毀。今年 9 月，我院副院長許滌新同志訪問意大利時，意柯拉迪尼教授反映，意交通部長科隆博今年上半年訪華得知利瑪竇墓已被平毀後，表示願意重新鑴刻一個墓碑，希望重新樹立在原處。考慮到利瑪竇曾對溝通中西文化作出過貢獻，因此許滌新同志回國後向中央建議，修復利瑪竇墓，並經華主席和四位副主席的批准。現將許滌新同志建議的批示影印件附後，請批轉有關單位辦理。」鑑於當時的形勢，報告特意將利瑪竇這位來中國傳教的意大利神父，說成是來中國講學的意大利學者。

當時任北京市委副書記的毛聯珏看到這一函件後，批示道：「立功同志閱，是否讓民政局主辦為好。」便將修復利瑪竇墓地的任務下達給對歷史文物並不熟悉的北京市民政局。幾乎與此同時，1979 年元月 13 日，在中國社會科學院經濟所內，許滌新同志主持召開了有著名考古學家夏鼐參加的，專門研究如何修復利瑪竇墓地的會議。

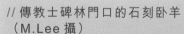

// 傳教士碑林門口的石刻臥羊
（M.Lee 攝）

萬曆三十八年四月二十三日自利瑪竇卒

後朝中諧公議請葬地贏我熊三拔等具

疏泰請帝即將阜城門則名平外豚公柵官地

二十畝扮屋三十八間賜給麗贏我等示遠

永受以賓縯墳登莽並改建堂宇爲供奉

天主及祝禱之所十月瑪竇出殯帝遣大員致祭

順天京兆王應麟沙字玉棻與瑪竇善特撰碑記

Plate 18. Decree of the Gift of Shala from the Wanli Emperor.

// 萬曆皇帝欽賜墓地的詔書
（相片來源：《ZHALAN 柵欄》）

// 左圖及右圖：在「北京石刻藝術博物館」內有一碑林。大部分是明清時代對朝廷有重大貢獻的來華耶穌會及其他修會會士們的墓碑，都由當時皇帝賜葬。（M.Lee 攝）

// 北京石刻藝術博物館。地址：北京市海淀區西直門外白石橋五塔寺村 24 號（M.Lee 攝）

1. 北京市民政局着手修復墓地

北京市民政局接到任務後，立即組織人力着手準備，他們
請當時隸屬文化局的文物處負責技術指導，於是由吳夢麟
女士擔任了這項工作。她和同事們認為，利瑪竇、湯若望、
南懷仁三人的墓一直是在一起的，此次應一併恢復為好。
1966 年曾經以向紅衞兵建議深埋的方式保護了墓碑的黨校
房管負責人的徐萬澤，協助吳夢麟找到了埋藏了 12 年的傳
教士利、湯、南三人的墓碑。

利瑪竇、湯若望、南懷仁三人墓園重建工程於 1979 年 12 月
竣工。這項在國內很少有人關注的事件，卻在國際上引起
了異乎尋常的注意。1980 年 3 月 3 日墓地重建後第一次
接待外國參觀者，吳夢麟接待了法國大主教；6 月 21 日，
吳夢麟接待外國記者六人參觀墓地，有《路透社》的、《朝
日新聞》的；7 月 31 日、10 月 29 日、1981 年 5 月 29 日，
意大利使館官員、荷蘭首相、比利時國王及王后先後前來
參觀墓地，梵蒂岡教廷也及時地報道了此事。

1984 年 5 月 24 日北京市政府將利瑪竇墓地確定為北京市
文物保護單位。同年 12 月 5 日北京市文物局就黨校提出
的要求增加新建食堂的建築用地，並承擔將遺存石碑建成
碑林所需經費一事發來覆函，提出「為最終妥善地保護好
這些石刻文物，並考慮到國內外宗教界的影響，我局現決
定由你校將這些石碑移至利瑪竇墓附近，建成碑林，以供
國內外各界人士觀瞻。」[2]

建立郎世寧和其他傳教士的墓碑碑林

1988 年是意大利來華傳教士郎世寧誕辰 300 周年。意大利對此非常重視，提前兩年就開始籌備紀念活動。1986 年 5 月意方向中國外交部、文化部和北京市政府分別提出了解郎世寧墓地的所在地和修復狀況的要求。為此外交部西歐司、文化部外聯局和北京市外事辦分別向北京市文物局發函。6 月初北京市文物局寫出報告回覆上級的問訊，報告也抄送了作為墓地所在地的北京市委黨校。筆者在黨校檔案室抄得該報告，要點為三條：

第一條：據記載，郎世寧在 1767 年（乾隆三十一年三月二十九日）歿於北京，葬於阜成門外馬尾溝（今中共北京市委黨校院內），墓上建有石刻乾隆諭旨；第二條：由於歷史原因及建設施工，郎世寧墓的具體位置已難確定，但墓碑仍較完整地保存在黨校院內；第三條：中共北京市委黨校在去年就已決定將郎世寧及該校內尚存的其他傳教士墓碑集中保護，建立碑林。目前碑林方案一經做出，年內即可動工。屆時郎世寧墓碑可得到更加妥善保護，並可供人憑弔。

可見，傳教士碑林的完全竣工至早不會早於 1986 年年中，郎世寧墓碑也因此被安放於碑林中最為醒目的位置。

在利、湯、南三人的小墓園的東側建立傳教士碑林，收集了原來散落在校園內的另外 60 通墓碑。至此，63 通歷經「文革」劫難的傳教士墓碑得到了保護。其中有：葡萄牙人 14 人、意大利人 11 人、法國人 9 人、德國人 6 人、捷克人 3 人、比利時人 2 人，以及奧地利、波蘭、瑞士、斯洛文尼亞各一人，還有 14 名中國神父。不幸的是，還有 20 多通墓碑已不存，其中包括在明末清初中西文化交流中做出顯著貢獻的徐日升、龍華民、閔明我、徐懋德、安國寧、德里格、索智能、索德超、湯士選、華學源等人。

// 北京石刻藝術博物館內壯觀的碑林一景（M.Lee 攝）

維修墓地，成立 「中西文化交流研究所」

隨着國家改革開放日益深入，國際交往日益頻繁，有關官員開始注意到墓地的重要性，國內輿論界對利瑪竇等傳教士的評價也日趨客觀、公正。與此同時前來參觀的國外客人日益增多。

就在上述意大利方查詢郎世寧墓碑之後不久，時任北京市委書記的陳希同於 1988 年 6 月 18 日在市委書記辦公會討論黨校工作時指出：「黨校院內的利瑪竇墓是中西文化交流歷史的象徵，很多外賓前去參觀，必須保護好。請市委黨校和市有關部門研究後提出一個維修方案，維修費可由市財政局專撥。」1989 年 4 月 22 日北京市委黨校在與市文物局、市規劃局、市旅遊局、市財政局、市政府宗教事務處、西城區規劃局召開兩次聯席會議（1988 年 9 月 27 日和 1989 年 1 月 17 日）後，擬定了〈關於維修利瑪竇等明清時期外國傳教士墓地的請示〉稿，但不知為何此稿未及時上報市政府。

 ## 1. 積極開展多項學術研究 和文化交流的措施

北京市委黨校遂於 1992 年 12 月 23 日單獨擬定〈關於對利瑪竇等明清時期外國傳教士墓地進行維修和加強開發、管理的設想〉（初稿）。文件提出有關墓地維修方案、墓地的管理和對外開放和積極開展學術研究和對外交流等多項措施，並提出設立中西文化交流研究所，設立「利瑪竇等傳教士研究課題」，編寫《歷史遺痕》一書等等。中西文化研究所依託研究生部而成立了，《歷史遺痕》也按

原計劃出版了，但除此之外，其他各項設想均未實現，市政府下撥的一筆專用款項也被黨校挪用去建造了教室。此事後因陳希同下台而不了了之。

及至 1993 年西城文物局將龕入黨校南牆中的原教堂的石門北移至利瑪竇墓地的南面。「口字樓」（原文聲修道院）和「山字樓」相繼被列入西城區文物保護單位。

兩年後，1995 年 4 月經國家民政部批准，「中國明史學會利瑪竇分會」依託黨校中西文化交流研究所得以成立，學會召開了成立大會。1995 年 5 月「中國明史學會利瑪竇分會」召開利瑪竇逝世 385 周年紀念會，並舉辦了小型展覽，中外學者及意大利公使等人參加。

建議將「口字樓」改建成中西文化交流中心

北京市委書記兼黨校校長李志堅在 1997 年 9 月 3 日向主持工作的常務副校長提出以下意見：「過去北京行政學院多次反映，『口字樓』已成危樓，建議將其拆除，在此蓋一座室內體育館。我曾認為這個建議有一定道理。現在看來，這個想法值得研究。『口字樓』既然是危樓，就不如拆了照原樣修建，使其成為北京行政學院對外文化交流的視窗。至於資金，我想利瑪竇——這位對中西文化交流做出過重要貢獻的著名傳教士的墓在這裏，是可以在國際上找到合作夥伴的。這些國家，尤其是有傳教士葬於此的國家，會願意出資幫助翻建『口字樓』的。」

同年 9 月 9 日北京行政學院召開院長辦公會，討論上述指引，表示完全同意，並決定責成中西文化交流研究所予以落實。此訊息及時傳給了一貫對墓地關心的美國舊金山大學利瑪竇研究所所長馬愛德教授（Edward Malatesta，一名耶穌會神父）。

次年 1 月 10 日馬愛德神父和建築學家盧卡斯神父來京，與行政學院的領導進行會談。馬神父建議將「口字樓」建成中西文化交流中心，包括有博物館、研究所、資訊中心和少量客房，並建議將現存在五塔寺石刻藝術研究所的 35 通原正福寺法國傳教士墓碑，遷入北京市委黨校的利瑪竇外國傳教士墓地。學院領導竟研究和向上級請示，對此表示同意，且提出總額為 4,500 萬元 (中方承擔 1,000 萬元、外方承擔 3,500 萬元) 的預算。

馬愛德和盧卡斯二人在 1 月 12 日聯名，發給法國駐華使館文化合作專員顧美哲一封關於就翻建「口字樓」的信件。信函陳述了他關於柵欄公墓修復的遠景規劃、對原文聲學院「口字樓」修復的遠景規劃及相關事項。2 月 9 日法國大使出面主持，邀請其他相關的葡萄牙、意大利、瑞士、捷克、德國、比利時等國大使，召開了七國大使聯席會，專門談論了原文聲修道院「口字樓」的改建問題。與會者並未達成一致意見。

馬愛德此次北京之行，就下榻在黨校的客房中。他對我說，能與利瑪竇的英靈共處，是他長期以來的夙願。他還說，他不久就將退休，希望能在這裏度過餘生。當時我們還不知道，他已經罹患嚴重的前列腺癌。他已自知來日無多了，促成「中西文化交流研究中心」的創建是他期待完成的最後一項工作。

馬愛德神父在 1 月 27 日離開北京後不幸在香港逝世。5 月 28 日新任舊金山大學利瑪竇研究所所長的吳小新博士及法國駐華文化專員顧美哲先生,一起來到北京行政學院,三方就修復「口字樓」,創建中西文化交流博物館和研究中心一事進行會談。會後整理了「會談紀要」。1998 年 8 月 11 日北京行政學院就翻建「口字樓」一事向市政府打報告,希望工程能在 2001 年利瑪竇進京 400 周年之際完成。

3. 擱置翻建「口字樓」的計劃

同年 10 月 24 日市委副書記李志堅同志對北京行政學院的請示報告上批示:「請光燾同志閱批。擬原則同意此方案,先由學院向海外募資(不得附加政治條件或其他我國政府不允許接受的條件),視募集資金情況可到現場開一小會做出決定,這裏已是危房。」汪光燾批示:「關於建設問題請規劃局研究給予支持。如有其他需要辦的事可告訴我。」然而因為馬愛德神父的去世,顧美哲的離任,也因為預算太高(黨校提出同時修建地下停車場和游泳館等等),原定有關國家出資翻建「口字樓」的計劃最終擱淺。

這一時期,前來參觀的國外客人日益增多。1997 年葡萄牙首相席爾瓦、1998 年意大利總統斯卡爾法羅、比利時首相讓·呂克·德阿納等先後參觀了墓地。

// 柵欄墓地進口處(李秀梅攝)

「梵蒂岡封聖」事件
的影響

2000 年 10 月 1 日發生了「梵蒂岡封聖」事件，中國
政府做出強烈反應。北京市領導、北京市委黨校領導
都對有關傳教士的問題改變了初衷，持異常謹慎的態
度。

曾經對此事持比較寬容態度且做過文字批示的原市委
書記、黨校校長李志堅把新任的黨校常任副校長找去，
說明問題的嚴重性。於是，原定 2001 年在黨校校園
內召開的「相遇與對話：紀念利瑪竇來京四百周年」
的國際會議，被迫改址（後改在北京理工大學）；幾
年來已經有了良好開端的北京行政學院中西文化交流
研究所，被莫名其妙地解散。

次年為了給申奧創造條件，表示中國政府尊重宗教，
改任國家體委黨組書記的李志堅與國家宗教局局長葉
小文商議，由北京市委宣傳部出面組織了利瑪竇研討
會，由北京市社會科學聯合會主持，邀請了中國社會
科學院、北京市社會科學院、北京市委黨校、北京青
年政治學院的研究人員和天主教愛國會傅鐵山主教發
言。該會議籌備期間遭主管中央統戰部的王兆國阻撓，
險些流產，據說是江澤民總書記最終拍板同意才得以
在 6 月 22 日召開，但是極為低調，不允許國外媒體記
者參加，國內報道也極為簡略。

中梵關係緩和，
共同為利、湯、南墓地
進行科學保護

「梵蒂岡封聖」事件後，隨着時間的推移，中梵關係漸漸有所緩和，形勢慢慢地好轉。在中外各方的推動下，有關領導漸取謹慎開放態度。2010年，利瑪竇逝世 400 周年之際，在墓地舉行了多次紀念活動。由於多方促成，2003 年 10 月 12 日以北京市政協副秘書長朱榮先為首的市政協文化委員會代表團，前來考察利瑪竇墓地工作，參加者有王燦熾、張西平、吳夢麟、李申等。委員們參觀了墓地之後，提出了很好的意見，並準備提出一個提案。《光明日報》對此作了報道。2004 年 3 月，由北京社會科學院研究員王燦熾起草的、由北京社會科學院院長高啟祥領銜簽名的政協提案〈關於將「利瑪竇墓地」建成 2008 年北京「人民奧運」新景觀的建議〉，輾轉傳達至北京市委黨校。但由於人大、政協的提案只對政府部門有約束力，而對作為北京市黨委下屬機關的黨校並無約束力，被淡化處理，基本沒有發生效力。作為提議的一項重要內容的展室，搞搞停停，先説在 2008 年奧運之前完成，後又説在 2010 年利瑪竇逝世 400 周年之前完成，但一直處於冷凍狀態，最終胎死腹中。

// 《一九二六年至二零一六年在香港的耶穌會會士影像回憶》

// 利瑪竇墓地外望北京市委黨校校園一景（M.Lee 攝）

落實翻建「口字樓」

早已被列為火災隱患單位的「口字樓」終於在 2002 年不幸遭火災，五份之二的面積被燒毀。災害促成了文物的修繕，北京市文物局出巨資將其原樣翻建。翻建後該建築被用來做黨校的教學和辦公用房，也成為利瑪竇墓地相鄰的一處歷史景觀。

 ## 中外官員、名人及宗教組織來訪墓地

意大利駐華文化專員康迪亞女士在 2003 年建議黨校組織力量拍攝了題為《利瑪竇在中國》的歷史文獻片。該節目製作了中文、英文和意大利文三個版本，在國內、國際，特別是歷史的祖國意大利多個場合放映後，受到廣泛好評。作為主要的製作人，我為此被授予意大利總統仁惠之星二級勳章（此獎項多受授予對意中文化交流作出貢獻者）。

2004 年夏，作為將於年底訪華並屆時造訪利瑪竇墓地的意大利總統錢皮的先遣官員，意大利外交部秘書長瓦塔尼先生來我校踩點。鑑於利瑪竇墓碑護體的部分水泥外殼因年久而脫落，瓦塔尼先生向我提出是否能請中方加以修繕的建議，我及時將此意見轉告給北京市文物局副局長于平。文物局立即採納了這一建議，用青灰替代水泥重新裝飾了石碑的護體。但是後來錢皮總統訪問行程有所更改，未能按原計劃參觀利瑪竇墓地。

這一時期，前來參觀的中外友人更加頻繁，其中有意大利前總理安德雷奧迪、法國前總統德斯坦、意大利國防部副部長、經濟部部長、英國坎特伯雷大主教等等，其中還有

來自羅馬教廷高層的人士。台灣著名作家李敖訪京期間，也專程造訪了利瑪竇墓地。

中外媒體對利瑪竇和來華傳教士這一題目日益關注。鳳凰衛視「文化大觀園」欄目、中央電視台《故宮》攝製組、中央電視台十頻道《歷史名人與澳門》攝製組、國家教委《漢字五千年》攝製組、國務院新聞辦、北京電視台《北京》攝製組等等，先後前來拍攝墓地外景，有的還進行了專家採訪。

特別值得注意的是，一些政府官員也來參觀，其中有國家宗教局局長葉小文、國家行政學院院長姜異康、北京市委副書記杜德印、原副總參謀長熊光楷上將、原北京市委書記、人大常委會副主任李錫銘等等。

2005 年，曾任國家科委主任的宋健改任全國政協副主席，特別過問了清康熙年間來華的葡萄牙耶穌會會士徐日升的墓碑的下落。因為之前葡萄牙科技部長曾向他詢問徐氏墓碑的下落，並提出重刻墓碑的動議。宋健為此曾與北京文物局接洽，專門召見了文物專家吳夢麟，宋健還曾親自到墓地考察，但後來因葡科技部長離任而作罷。

//1874 年利瑪竇墓地寫生圖，可見當時墳墓後面建了一小聖堂。
（圖片來源：《ZHALAN 柵欄》）

3. 「利瑪竇和外國傳教士墓地」成為歷史景觀

2006年國務院公佈「利瑪竇和外國傳教士墓地」為國家重點文物保護單位。不久文物局與檔案局聯手，又進行了國寶建檔工作，我也參與其中。2008年西城區政府委託一諮詢公司論證西單南片（包括天主教南堂）城市規劃，提出建設利瑪竇廣場，但至今未見實施。

在黨校系統，「利瑪竇與外國傳教士墓地」北京市委黨校召開的全國黨校系統的專業會議代表，也對這處外國傳教士墓地產生了興趣。「利瑪竇和外國傳教士墓地」漸漸成為北京市委黨校（北京行政學院）引以自豪的一處歷史景觀，在校方的支持下，編印了題為《青石存史：紀念利瑪竇逝世四百周年》（北京出版集團，2012年）的紀念書冊。

2010年是利瑪竇逝世四百周年，2月6日意大利有關方面與首都博物館共同舉辦的大型展覽「利瑪竇：明末中西科學技術文化交融的使者」開幕。當天上午意大利客人（大使謝薩先生、馬爾凱大區主席馬里奧·斯巴卡先生、 米尼尼教授等）來墓地致辭獻花。5月11日是利瑪竇逝世的日子，這天上午中意雙方在對外經貿大學召開學術研討會，下午會議代表又到墓地參觀、獻花。

意大利總統那波利塔諾偕夫人一行在10月27日參觀墓地，並對中方保護利瑪竇墓地的善舉表示感謝。早在一年前意大利文化遺產部部長博伊迪來參觀墓地。他與中國國家文物局簽約，合作對利、湯、南三通墓碑進行了科學的保護。

4. 車公庄大街地鐵六號線通車

號稱最富有歷史文化色彩的地鐵六號線在 2012 年開通，貫穿車公庄大街。車公庄西站成為距離利瑪竇墓地最近的地鐵站。在該車站的大廳裏裝飾了紀念利瑪竇中西文化交流的大型壁畫，壁畫以一幅由利氏製作的中國最早的世界地圖為背景，幾塊大陸上印有利氏各種中文著作的片段，其中有《幾何原本》、《天主實義》、《寰容較義》、《交友論》、《二十五言》、《畸人十篇》等，還有他的《中葡字典》的手稿。對這段歷史有了解、有興趣的人往往在這裏駐足觀看。

// 安裝於北京車公庄地鐵六號線大堂內的記載着利瑪竇行實的巨型、仿如屏風的壁畫，蔚為奇觀。（李秀梅攝）

// 車公庄六號線地鐵站內（M.Lee 攝）

5. 重建徐日升墓碑

新任葡萄牙駐華大使若熱·托雷斯·佩雷拉博士對上述葡萄牙耶穌會會士徐日升懷有特殊的感情。徐日升原名托馬斯·佩雷拉，與大使先生同姓。大使在 2013 年再次提出恢復重建徐日升墓碑的動議。他向葡文化部和古本江基金會募集到五萬歐元，並與時任國家文物局局長厲小捷舉行了專門的會談。厲小捷局長對徐日升在中西文化交流中，特別是在中俄尼布楚會談中的貢獻有所了解，表示了中方同意葡方動議，但不出資參與的態度。鐫刻墓碑的工程由北京新日下文化公司承接。筆者則承擔了碑文的考訂和墓碑設計的工作。徐日升墓碑的背陰刻有長達近千字的康熙年間頒佈的「容教令」，這是中國天主教史中一份重要的歷史文件。如果按照先前達成的協議，將此墓碑樹立於傳教士碑林之中，具有特殊的意義，可惜後來厲小捷退休，新任的國家文物局長改變了態度。徐日升墓碑因此而未能如願遷入碑林。大使先生無奈，只好將刻就的墓碑安放在葡萄牙駐京使館院內的草坪上。為此葡使館還舉行了一次紀念酒會，並為感謝筆者為此項工程做出的貢獻，大使先生向筆者頒發了「徐日升特別榮譽獎」。

2015 年 9 月 2 日前來參加中國紀念第二次世界大戰勝利 70 周年閱兵活動的捷克總統澤曼，來到傳教士墓地，為安葬在這裏的三名捷克耶穌會會士獻花。

20 年前創建的「中國明史學會利瑪竇分會」，自 2000 年以後因黨校中西文化交流研究所的被取消而成為無本之木，沒有經費，無法開展活動，甚至連一次會員會議都不能舉行。2015 年中國明史學會與廣東肇慶學院協商，將分會移至該校承接，總算沒有讓這個全國唯一的有關利瑪竇和西方傳教士的學術機構半路夭亡。

// 車公庄大街地鐵六號線大廳內的巨型壁畫名為《面向世界》，以打開的《坤輿萬國全圖》和半掩式的羅馬式窗拱為框架，表現 400 多年前利瑪竇的出現，推開了中國面向世界的一扇窗口。（李秀梅攝）

// 耶穌會創始人聖依納爵・羅耀拉（相片來源：《一九二六年至二零一六年在香港的耶穌會會士影像回憶》）

 ## 墓地重建
的啟示

回顧「利瑪竇與外國傳教士墓地」恢復重建 40 多年的歷史，給我們帶來的啟示。

墓地從在十一屆三中全會的前夕，在我國國家最高領導層的集體認同後，得以修復至今已經 40 多年。這 40 多年間，執政黨的思想在不斷解放，國家在日益開放、日益富強，國際交往愈來愈頻繁，我們的朋友越來越多。當我們歷數共和國的這些令人興奮的變化的同時，偶爾回頭，一瞥這小小的墓地近 40 年的經歷，會驚詫地發現它與共和國的命運竟是如此地同步。利瑪竇等外國傳教士從 40 年前被認為是「帝國主義文化侵略的先鋒」，到現在評價為「為中華文化輸入新鮮血液」的中國人民的朋友；利瑪竇墓地從「必須徹底砸爛，永世不得翻身」，到成為「國家重點保護文物」，發生了天翻地覆的變化。這一變化反映了、同時也見證了我國政治生活和意識形態的變化。從這個意義上說，墓地原來是一面鏡子。

 ## 1. 墓地的修復促進了中外交流

墓地的修復和開放，向世界展示出我們國家正在逐漸向着尊重歷
史、尊重科學、尊重宗教信仰自由和日益具有親和力的方向發展。
在共產黨的幹部學校中保存一處外國傳教士的墓地，並得到良好
的日常管理，並且向一切參觀者開放，使很多外國人感到驚訝，
也是他們對中國有了新認識和理解。墓地的存在，就是無聲的對
外宣傳，促進了我國對外開放的發展。從這個意義上說，墓地又
是一扇窗戶。

//1900 年 6 月義和團以扶清滅洋為由進入柵欄墓園，把墓碑墓穴遺骸打個稀巴爛，無一倖免。禍亂平息後，教會在政府協助下重整旗鼓，並在利公墓前，一個足球場之遙，修建了一座諸聖堂，並把完好的墓碑坎入外牆內。圖為諸聖堂西側外牆，墓碑清晰可見。（資料來源：耶穌會羅馬檔案館）（相片來源：《ZHALAN 柵欄》）

墓地的參觀者雖然有宗教情結濃厚的中、外基督徒和宗教領袖，但這在參觀者的整體中不佔多數。其他大多數參觀者來自非常廣泛的領域：政府首腦、部長和外交官，大學教授，各國的漢學家、歷史學家、科學家（涵蓋了數學、天文學、物理學、地質學、氣象學、機械學等眾多學科門類），以及來華的企業家和普通的旅遊者。

特別是那些參與了中國合作項目或生意來往的友好人士，他們通過重溫幾百年前那段特殊的中外關係史，自然而然地加強了對中國的親近感和友好情誼。從這種意義上說，墓地又是連接中外人民友誼的紐帶。

 ## 2. 促進國家的改革開放

近年來，人們對利瑪竇和發生在幾百年前的中西文化交流甚感興趣，中外報社、電視台的媒體記者，博物館界人士來訪者、拍攝節目者絡繹不絕。通過媒體的作用，使更多人了解這段歷史。在老師的帶領下，一些大學生、研究生、甚至中、小學生也到這裏來參觀，其中還有一些來自外國的年輕學生。利瑪竇與來華傳教士的故事，是不同國家、不同民族、不同宗教平等交往、互相學習、和諧相處的典範。另外由於北京市委黨校和行政學院的特殊地位，近年來大量來自中央及各省市行政學院和黨校系統的幹部和教師，近水樓台先得月，參觀了墓地，了解了中西文化交流的基本知識。這對黨校、行政學院從業人員的思想解放、撥亂反正，起到了一定的作用，甚至可以通過他們，

// 李韡玲與余三樂教授於 2016 年 12 月 2-4 日在肇慶學院出席「第四屆利瑪竇與中西文化交流國際學術研討會」期間合影

影響到更多執政黨和政府的基層幹部,這無疑會潛移默化地促進國家的改革開放大業,從這個意義上說,墓地也是一個教育基地。

總而言之,40 年來這一處小小的墓地與共和國一道走過了令世人矚目的道路。回顧這一歷程,一定能夠給我們提供不少有益的啟示。

1　北京市民政局檔案。影印件見北京行政學院編(余三樂撰稿):《青石存史》,北京出版集團,2012 年,頁 121。

2　2007 年北京市文物局協同北京市檔案局,向各國文物重點保護單位建立專業檔案工作。從此北京市委黨校檔案室將有關墓地的歷史文件資料建檔、歸檔。本文所用的資料如不特別註明,均出自此檔案。

// 余三樂在《尋訪利瑪竇的足跡》(世界圖書出版公司北京公司,2016 年)撰寫了更多有關利瑪竇的事跡,有興趣者可參閱。

守墓者言——
讓文物與世界「對話」

利瑪竇是天文學家、數學家、地理學家、漢學家，他是中西文化交流的奠基者，是中國近代科技的啟蒙者，也是中國天主教的開拓者……「利瑪竇和外國傳教士墓地」是一處博物場所，也是我國富有歷史意義和教育意義的文化遺產。

~沈昌瑞

利瑪竇墓地義務講解員

1955 年秋，我由中共北京市委辦公廳調到北京市委黨校，在校長辦公室工作，那時的校址還在東城區的貢院西街。1956 年 8 月底，北京市委黨校遷到西城區車公庄大街新址時，我就發現在校園裏有幾座墳墓。當時，大門緊緊地鎖着，也沒人過問此事。在校園的南側有個「馬尾溝教堂」，每週照常作「禮拜」，倒是很熱鬧。宣傳唯物主義無神論的黨校與宣傳有神論的天主教堂同在一處，二者和平共處很多年。

「文革」後，1984 年，北京市委黨校「反平」了。離開了 15 年，已經 48 歲的我再次調回黨校，先後在教務處和校長辦公室工作。那時，馬尾溝教堂已經被拆掉，有很多碑石在院子裏隨意地堆放

着。後經北京市文物局同意，將這些碑石在利瑪竇墓地東側集中起來。碑石共有 60 通，起名叫「碑林」，另走一門。與此同時，我從教務處調到校辦做秘書科長，負責接待工作，也包括外事活動。這樣，介紹利瑪竇墓地成了我工作的一項重要內容。

這塊文物寶地，1984 年被定為北京市文物保護單位，2006 年又經國務院批准上升為全國重點文物保護單位，定名「利瑪竇和外國傳教士墓地」。墓地現存碑石 60 通。墓主絕大多數是早期來華的傳教士、在紫禁城供職的外國人。這 49 名外國人分別來自 10 個國家（意大利、葡萄牙、德國、法國、比利時、捷克、瑞士、奧地利、波蘭、斯洛文尼亞），他們從事的職業多種多樣——欽天監工作人員、測繪師、醫師、畫師、音樂師、機械師等等。這些傳教士分屬 7 個修會：耶穌會（55 人，其中神父 46 人、修士 4 人、無標者 5 人）、聖方濟各會（3 人）、奧斯定會（1 人）、味增爵會（1 人）、耶穌聖家會（1 人）、聖若翰保弟斯大會（1 人）、基督會（1 人）。這些墓主中年齡最大者 83 歲（葡萄牙籍耶穌會會士高嘉樂），最年輕的才 27 歲（葡萄牙籍耶穌會會士吳直方）。

// 利瑪竇及其他在宮廷任職的傳教士，因有皇帝認可，允許在墓碑上使用龍的造型。他們的碑首圓雕四條粗壯蟠龍，龍頭低垂於碑首兩側，兩隻龍爪托住祥雲上的明珠，絞纏一起的龍身組成方型碑頂；龍身下方即碑首正面中心，備為提名的碑額處，十字架、字母 HIS（為耶穌會的會徽）和三顆楔狀紋（喻指耶穌被釘十字架的三顆釘子）構成的圖案。（相片來源：《ZHALAN 柵欄》）

緣起：
由看門人到
義務講解員

外省市黨校校長到北京開會或辦事，常常都要來北京市委黨
校參觀校園，當然也包括參觀利瑪竇墓地。我最早接待的外
賓則是葡萄牙駐華大使和市外辦批准來參觀的駐華使節。起
初，我對墓地的情況幾乎一無所知，接待參觀時只是開門鎖
門，甚麼也說不出來。墓碑的名字，我叫不上來；墓主是哪
個國家的，我不知道；他們是幹甚麼的，我也不清楚。許多
年以前，外文局主辦的《外文週刊》上刊登了一則關於利瑪
竇墓地的消息。那是法文的。雖然我不懂法文，我還是要了
一本保存着。接着，北京與德國科隆成為友好城市，《北京
日報》為此刊發了一條關於湯若望的消息。正是通過這條消
息，我開始知道一點墓地的情況。再後來，中央人民廣播電
台要做一個節目，讓我說幾句，我認真準備了一頁紙作了介
紹。從那以後，我決心要多學些東西、多掌握一些與墓地有
關的材料，試着講解，慢慢地，我成了這塊墓地的義務講解
員，當起了這塊墓地「足不出戶」的「導遊」。

守護墓園，
讓文物
與世界「對話」

利瑪竇墓地被定為文物後，參觀者日益多了起來。參觀者來自四面八方，世界各地，他們的職業身份不同，世界觀、價值觀不同，站的角度不同，所以接待工作的注意事項很多：介紹的內容要真實有據，要分辨對象，要宣傳正能量，除利瑪竇墓碑必看外，其他碑石也會作重點介紹……為了做好接待工作，為了退休之後繼續當好導遊，我堅持不懈地做了多方面的努力。下面，摘其要者，我簡單匯報一下 30 多年來我個人鍥而不捨的「守望」歷程。

1. 積極增進與墓地有關的知識

第一，積極搜集、學習和運用與墓地有關的資料。書報資料自然是首當其衝的。這些年來，我主要閱讀了以下書籍：《中國天主教史人物傳》（三冊）、《利瑪竇傳》、《耶穌會士在中國》、《中國文化與基督教的衝撞》、《紫禁城》（故宮刊物）、《歷史遺痕》、《紀念郎世寧誕生三百年特輯》、《北京地區基督教史跡研究》。我隨時關注報刊上的各種相關資訊，例如〈澳門——中西文化交流的門戶〉（《書摘》1999 年 12 期）、〈走進北京柵欄墓地〉（《中國民族報》2005 年 4 月 15 日）、〈狗年說狗：宮廷畫師艾啟蒙畫 10 駿犬〉（《信報》2006 年 1 月 22 日）、〈利瑪竇從營造南堂到作古二里溝〉（《北京青年報》2006 年 5 月 9 日）、〈宗教建築「變身」當代民居〉（《新京報》2006 年 7 月 11 日）、〈東堂創建人——利類思安文思〉（《北京幹部教育》2008 年 10 月 25 日）、〈傳教士湯若

// 沈昌瑞（右二）正為參觀者講解墓園歷史（相片來源：李秀梅）

望冤案始末〉（《北京青年報》2010 年 10 月 27 日）、〈南懷仁在北京造汽車〉（《北京日報》2011 年 7 月 19 日）、〈關於龍您知道多少？〉（《北京晚報》2012 年 1 月 23 日）等等。

其次，向參觀者索取資料。例如：1987 年 10 月 17 日安徽省圖書館有兩個人來參觀利瑪竇、湯若望、南懷仁等人的墓地，我熱情接待並細緻講解，又出示了多張照片。他們說可以找到一些文獻給我參考。1988 年 12 月 17 日，他們寄來了《利瑪竇賜葬北京》的複印件，這幫助我認識許多歷史知識。

再次，外出活動時留意搜集相關資料。這個墓園的碑首有 270 多條龍的圖案，關於龍的知識，關於龍生九子的知識和運用，我在故宮、天壇、頤和園、圓明園、北海、山西平遙等地遊覽時就有意識地了解和記憶。這些知識，我不僅僅知道，而且背得滾瓜爛熟，所以，現場聯繫起來講就顯得特別生動、引人入勝。

最後，我還經常帶着問題去尋找答案。比如，利瑪竇埋葬前這裏有一個佛寺，這個小廟到底叫甚麼？有人説是「嘉興觀」、有人説是「慈惠寺」、有人説是「嘉福觀」、有人説是「三聖廟」、有人説是「仁恩寺」……最後，去偽存真，我認為應該是「仁恩寺」。再如，有的碑上寫着「修歷」、「大小金川」、「測量繪圖」、「帑銀」，這些都是甚麼意思呢？不一而足。來自我自身和遊客們的這些問題，都是我繼續學習的來源和動力。

誠心做好接待工作

第一，熱情友好地對待來訪者。來訪的情況林林總總：有時一兩個人，有時上百人；有時説下午幾點到，或者因為堵車天黑了才來，或者因為飛機誤點而姍姍來遲，或者因為去長城參觀人太多下不來等等。無論遇到甚麼情形，我總是任勞任怨絕不抱怨，總是面帶微笑不卑不亢。我希望把北京的友好微笑、北京人的熱情傳到全世界！宣傳科技北京、人文北京、綠色北京、和諧北京，我的努力一直在路上。

第二，因人制宜，具體情況分別對待。講利瑪竇墓地，我一般要講五個部分：利瑪竇的簡單生平；利瑪竇的貢獻；賜葬京城的情況；墓地 400 年的歷史變遷；碑墓的設置。這把大家關心的問題基本上都解決了。如果訪客有時間，就對其他的墓碑進行重點的介紹。此外，訪者是哪個國家來的，就專講那個國家的傳教士，以令他們感到親切。有的是專奔那塊碑而來，比如斯洛文尼亞的外賓常常是專程來拜謁劉松齡的，有的米蘭團是來看望郎世寧和羅雅谷的，來自那不勒斯的遊客要看羅懷忠的碑等等，那麼，我就有的放矢地提前再精心準備一番，盡量讓來訪者乘興而來、滿意而歸。

第三，及時記錄，個人存檔。過去，接待完了事情就過去了。2013 年，我開始寫接待花絮，從聯繫預約到接待情況，都有完整的記載，並附上相應的照片。一年一集，留下點資料。2010 年是利瑪竇去世 400 周年，那一年我接待了 1,700 人次；2015 年，我接待了 1,200 人次，他們分別來自 23 個國家和地區。

堅持不懈為中西文化交流努力

第一，凡是為中國的社會進步付出貢獻的人，我們都不應該忘記他們。利瑪竇在北京史上佔有重要的一頁！利瑪竇是天文學家、數學家、地理學家、漢學家，他是中西文化交流的奠基者，他是中國近代科技的啟蒙者，他也是中國天主教的開拓者。他與徐光啟聯手合作譜寫了一段不可磨滅的歷史。明朝的科技水準在世界上並不落後！這是一段不應被忘卻的歷史！

第二，明清時期來華的傳教士們很不簡單，很不平凡。那時節，既沒有國際條約的保護，也沒有槍炮的支持，語言又不通，中國人對這些藍眼睛、大鼻子的老外既好奇又反感。在這種情況下，在中國傳教是非常不容易的，只能走「文化適應」道路。他們在年輕時就有中國夢，要想來中國，就得創造條件，爭取被批准成為傳教士。他們有很高的學歷，是當時的碩士、博士、院士，各有自己的專長。他們還得有好的身體，才能漂洋過海、不辭萬里地來到中國。他們想了解中國，到了中國（北京）還要有「伯樂」推薦。他們的目的是傳教，但是，他們同時也溝通了中西文化，就像蜜蜂採蜜的

// 左起：張海平（北京行政學院主任）、李韡玲及沈昌瑞於 2016 年 12 月攝於肇慶星湖（相片來源：M.Lee）

同時傳播了花粉。他們把自己的一生放在中國，沒有結婚、沒有後代，最後長眠於北京。可以說，他們都是熱愛中國的外國人。

第三，一個國家或民族，要想振興和發展，就要敞開大門。開門，才能進行交流。而在交流之中，宗教有着重要的作用。佛教起源於印度，最後中國卻發展了富有特色的佛教文化。天主教傳到中國，對推進社會的進步也有貢獻。禁教後，中國與國外少了來往、少了交流，科技落後了，落後就要挨打。站在墓園，看着這些青石，我在想：我們要尊重科學、尊重歷史，中西交流，兼容並蓄，進行歷史的沉思，為時代的步伐注入新的活力，追求真理，奮發向前！民族的振興、時代的進步，需要我們每一個人努力做好自己的工作！

2015 年 2 月 15 日，習近平總書記到西安小雁塔博物院參觀時強調，要把凝結着中華民族傳統文化的文物保護好、管理好，同時加強研究和利用，讓歷史說話、讓文物說話，在傳承祖先的成就和光榮、增強民族自尊和自信的同時，謹記歷史的挫折和教訓，以少走彎路、更好前進。「利瑪竇和外國傳教士墓地」是一處博物場所，也是我國富有歷史意義和教育意義的文化遺產。我今年八十多歲了，作為北京市的文化志願者，在有生之年，我會繼續讓這些石頭說話、讓歷史說話，盡力為中西文化交流發光發熱！

利瑪竇如何走進中國人的心坎

先驅者
利瑪竇神父的「橋」

利瑪竇神父的「橋」是用他的文化、靈修和自身的名譽安危所搭建出來的……可是這態度和手法也曾被修會內一些弟兄和教會內的神學家及高層質疑，甚至否定和取締。

~周守仁

耶穌會中華省會長、教育家
「北京中國學中心」董事會成員

利瑪竇（Matteo Ricci）（1552-1610）生於意大利的瑪切拉搭城（Macerata, Italy），病逝於中國明朝的順天府京師，即今天的北京。年青的利瑪竇於 1571 年加入天主教耶穌會，年輕的利修士已有到遠方傳教的志願。於 1578 年 3 月 24 日聯同十四名耶穌會會士從葡萄牙里斯本出發，於同年 9 月 13 日到達印度的果阿（Goa）。利修士在果阿唸神學和人文學科，同時也為當地有興趣學習的人士教授歐洲文化，讓他們也可以出人頭地。利修士於 1580 年 7 月 26 日領受鐸職成為利瑪竇神父，更於 1582 年 4 月被派遣到中國傳教。

// 利瑪竇（左一）在肇慶定居時應知府王泮（左二）請求繪製的第一幅世界地圖，衙差為王泮展示。（圖片來源：肇慶利瑪竇博物館）

文化相授

利神父不以歐洲文化自居，反而虛心學習當地的文化，好能深入了解民情、歷史背景、風俗習慣、倫理價值、宗教文化，以及怎樣面對危機等等。同時他亦非常樂意將自己所學的跟當地人分享，甚或傳授，他的著作《幾何原本》及《西國記法》就是好例子。因此，利瑪竇和他的弟兄比較得到中國士大夫們的接受和欣賞。當然這並不代表沒有士大夫和權貴與他為敵，他們自身的利益因着利神父的出現受到了威脅，利神父和他的弟兄亦因此曾遭迫害。

以文化會友

同時，利瑪竇明白若他明言來中國的目的是為傳教，應該不會有甚麼好結果，甚至會被驅逐出境。所以他決定不衝着文化和政治禁忌硬來，他要以西方科技及文化會友。他用自製的日晷、天體儀、地球儀送贈官員好獲得他們的接納，成為朋友並為他引薦。最後他更以自鳴鐘讓明神宗愛不釋手，把他留在北京長住，因當時只有利神父才懂得如何調校和修理這座自鳴鐘。其實他也同時進奉了《聖經》、《坤輿萬國全圖》及大西洋琴給神宗。那卷世界地圖和自鳴鐘看來最得神宗的青睞，令他對這位洋教士有了信任，更讓他和耶穌會會士們可以在北京居留。這應是首次有中國皇帝讓外國人正式享有這份特權。

尊重
本地文化

除了傳授文化學識及以科技文化會友外，利瑪竇也讓當地的人民感受到他對本地文化的尊重以及深感興趣。利神父到達澳門後已經被漢語及其文字深深的吸引，這麼淵博的語言文字啊！他甚至改穿漢服，學習粵語和北京話，閱讀大量的中文書籍。這怎不會吸引當時的國人對他感興趣和尊重呢？試想想我們也會欣賞外籍傳教士和朋友努力嘗試用中文和我們溝通，即使他們未必能説得一口流行中文，但只要他們能聽懂中文就已經很值得欣賞了，因為他們的努力可看出他們對中華文化的尊重。何況利神父為了讓中國人接受他，看到他與他們交友的誠意，他還脫下洋傳教士的服飾（原本那是他身份的象徵），之後換上佛教僧侶的服裝，再後來為得到士大夫學者們的認同，更換成當時學者的服飾。最令人印象深刻的，就是他為耶穌會帶來不少批評的敬祖之禮，這是利神父在深諳中華文化對祖先的尊重後所接受的做法，有點像天主教對聖母的敬禮，絕不代表教會把聖母神化了。

以上的做法，是否代表利瑪竇功利善變和沒有底線呢？其實他和他的同會弟兄也曾被這樣的批評過，但實在只有上主才能判斷人心。利瑪竇和他的弟兄的決定應是以會祖依納爵（Ignatius Loyola）的分辨精神而達至的。他們分辨那一個方案更能讓他們把使命做得更好，更光榮天主。正因為光榮天主是基本的目的，沒有底線的不擇手段就不可能是依納爵式分辨中可選擇的手法之一了。

搭建文化橋樑

總的來説，利瑪竇神父的「橋」是用他的文化、靈修和自身的名譽安危所搭建出來的。他給本地人教授自己精通的文化學識，這是一種慷慨的搭橋行動，但卻招致迫害。他明白不可衝着文化禁忌來傳教，遂用當地人欣賞的科技文化來搭橋，這實在是靈巧的做法，看來也是中國人比較能受落的方法。再者，利瑪竇以十二分尊重的態度擁抱中華文化，希望中國人會願意接受他所搭建的橋，在橋上和基督信仰相遇，甚或擁抱。可是這態度和手法也曾被修會內一些弟兄和教會內的神學家及高層質疑，甚至否定和取締，可以説，利瑪竇是走得太前太快了吧。

愈顯主榮

搭建溝通文化的橋樑從來不是輕鬆事，但我們會把這種行動看得比真實的容易，甚至把它看得有點浪漫。其實，橋本身就是被人踐踏着走的。若未準備好被踐踏，之後則會活在埋怨和痛苦之中。若一條橋沒有人用來行走，由一面走到另一面，或在橋上和另一方的人相遇，這條橋就沒有存在價值了。所以，要感謝利瑪竇神父為我們中華子孫含辛茹苦地搭建了這道橋。同時我們也被邀請為了天主的光榮和使命在這個世代建文化橋樑，甚至是成為橋。但我們願意嗎？

// 當時身穿僧服的利瑪竇與肇慶官員、朋友同遊七星岩。（圖片來源：肇慶利瑪竇博物館）

瑪切拉塔城（Macerata）孕育了利瑪竇

不論中外學界對利瑪竇其人其學的價值判斷分歧有多大，都必須承認基督的福音已深深紮根中華大地……當時西方最先進科學技術的引進對中國日後科技發展起了積極作用。

～孫旭義

意大利利瑪竇研究中心主任兼研究員
學者

利瑪竇被譽為像教父般的中華傑出傳教士[1]、天主教福傳者的典範、中西文化交流的橋樑[2]、偉大的西方「漢學之父」[3]、地球上的首位「世界公民」[4]、照亮人類未來道路的燈塔[5]，故此，在學術界研究並探討他為中國社會和天主教會，乃至為全人類，所做出的巨大貢獻的專家學者多不勝數，今日筆者願與大家一起品味他獨特的人格魅力及卓絕的信仰品格，期望有益於我們正在建設的和諧社會，並建樹基督信仰神學本地化及福傳事業。

成長和初期的求學階段

眾所周知，孟母三遷告訴我們環境對一個人成長的影響。為了更深入地了解利瑪竇，請先看看他的故鄉。瑪爾凱大區（Marche）是意大利中部一塊蘊藏着許多

傳統文化和自然遺產的寶地，東鄰亞得里亞海，西靠阿爾卑斯綿延的山脈，中部大多是麥田、葡萄園、向日葵林的丘陵地帶，柔和的田園風光隨處可見，屬於典型的地中海式大陸氣候。1552 年 10 月 6 日，利瑪竇出生於瑪爾凱中部，座落在丘陵之上的瑪切拉塔（Macerata）古城，省市兩政府的所在地。目前約有五萬人，而利瑪竇時代只有 12,000 多人[6]。時至今日，人們依然可以深深感受到它淳樸的民風、悠久的歷史、豐富的文化藝術傳統及自然環境之美。

創建於 1290 年的瑪切拉塔法學院，於 1540 年升格為大學，與博洛尼亞和帕多瓦大學齊名，是歐洲最古老的大學之一，今日側重於人文及社會科學的研究。利瑪竇少年讀書的學校[7]至今仍保存完好，該學校由 13 位耶穌會會士於 1561 年創辦，當時城中很多人爭相把自己的孩子送去那裏求學，其文化氛圍可想而知。

// 瑪切拉塔在意大利的位置圖（圖片來源：《青石存史》）

經營藥房的父親利奇若翰（Giovanni Battista Ricci）[8] 對長子瑪竇特別器重，懷着望子成龍的心願，特意找城中德才兼備的 Nicolò Bencivegni 神父作他的啟蒙老師。小瑪竇天資聰穎，記憶力超強，讀書過目不忘，老師非常喜愛。事實上，利瑪竇對恩師總是滿懷感激之情，後來到了中國，跟朋友們通信時，還常常提起他。1599 年從北京寫信給同會弟兄 G. Costa 神父，說：「恩師本人親筆寫信給我，字裏行間充滿昔日的慈愛。當我們還年少無知時，他就充滿愛心地對我們諄諄教導，使我們能有今日。」[9]

利瑪竇 9 歲入讀耶穌會主辦的學校，讀書非常用功，直到 14 歲完成中學課程。熊三拔神父（S. de Ursis）回憶說：「利瑪竇是這座學校的第一批學生，他研習人文學科和修辭學，成績優異，名列前茅，特別是在品行及靈修方面，孩子進步神速，那時他就已經有修道之心。」[10] 但在 1566 年至 1568 年間他做了些甚麼，我們無從得知，也許在家一邊繼續學習，一邊幫助父親在藥房工作吧。

鑽研自鳴鐘
製作原理

恰恰就在 1568 年，利瑪竇 16 歲那一年，政府委託當時著名的鐘錶匠拉捏利（Ranieri）兄弟三人打造一座最先進的天文機械鐘，於 1571 年打造完畢，安置在今日市中心廣場鐘樓之上，成為瑪切拉塔的重要標記。後因年久失修，1855 年不復使用，2015 年按當年機械原理重造一座新的天文機械鐘，今日自由廣場再響起了鐘聲。

// 利瑪竇在瑪切拉塔的故居（M.Lee 攝）

我們無法確定利瑪竇是否親眼目睹此傑作，因為 1568 年，16 歲那年，父親沒讓他在瑪切拉塔大學深造，而是送他去羅馬智慧大學攻讀法律，其用意無非是希望他在京城結識權貴，便於將來仕途青雲直上。但我們可以猜測他在羅馬及佛羅倫斯求學期間，極有可能在回家時見到廣場上的製鐘工程並研究過它。十分確定的是，他很關注家鄉的這件大事，而且鑽研學習了其中的機械原理，也正是自鳴鐘為他打開了中國的大門，先是 1583 年在肇慶住所牆外掛了大鐘吸引當地官員鄉紳們絡繹不絕地前往「仙花寺」參觀各式西洋物品，1601 年又呈獻給明朝萬曆皇帝，皇帝非常欣賞，遂准許利瑪竇出入皇宮負責自鳴鐘的管理修繕。

// 這是建成於 15 世紀的會堂和鐘樓，利瑪竇少年時愛坐在那裏觀看工匠修理大鐘，因此學會了製造和維修明神宗最愛的自鳴鐘。（相片來源：孫旭義）

加入耶穌會
成為傳教士

1571 年 8 月 15 日利瑪竇正式申請加入耶穌會，次年
5 月發初願，數月後，入讀耶穌會羅馬公學院（即額
我略大學前身，本文之後簡稱為羅馬學院）的文學院
和哲學院，必修課程包括 2 年修辭學、3 年哲學、3 年
神學。他在哲學三年級時，申請去遠方傳教。1577 年
獲准赴東印度傳教 [11]。

羅馬學院《教學大綱》（*Ratio studiorum*，也譯作《學
術培育手冊》），記載 16 世紀末，全歐洲有 500 多
座耶穌會會院或學院，其培育計劃都按照耶穌會會祖
依納爵 (Ignatius Loyola) 的設定，為學生們提供更廣
泛的學科，除神學之外，還包括了文學、語法、詩歌、
修辭、歷史、戲劇、數學、自然、科學、哲學、形而
上學等，綜合了文藝復興時期的人文學科和中世紀的
傳統學科。《教學大綱》以巴黎大學的教學培育模式
為藍本，經過修訂，以適應耶穌會興辦的所有學校。
如此既能栽培在俗學生，也適用於耶穌會士。學院的
教授皆由學界泰斗擔任，學生也都是百裏挑一，不但
智力超群，而且必須品行優良。

1572 年 9 月，利瑪竇開始了兩年修辭學的課程，學
習希臘語、西伯利亞語，還有授課聽課時使用的拉丁
語，其課本大部分選自古代作家的經典作品。利瑪竇

//建成於 15 世紀的聖母小堂，至 18 世紀加建後半部，現為主教座堂。
（相片來源：孫旭義）

編撰的《交友論》和《西國記法》就是以那兩年修辭課所學習到的技巧為基礎的。

而為期 3 年的哲學課程包括了邏輯學、倫理學、道德論、亞里斯多德的形而上學等。為提高辯證法的實力，所有學生每個月必須找個哲學命題，在師生面前公開辯論。

哲學課程包括了當時被稱作自然哲學的許多科學，其中包括科學之基礎的數學、天文學、音樂、地理以及應用學科，如力學、工程學、建築學等。依照耶穌會安排的課程，數學乃進入神學的必經階段。因為天主教相信宇

// 位於瑪切拉塔的利瑪竇研究中心，
分會設於中國廣東肇慶。（M.Lee 攝）

// 今天瑪切拉塔城的城門
外望（M.Lee 攝）

宙萬物是天主以數學規律創造的，因此學習這些規律，也屬於宗教探索；
尋找自然現象中隱含的數學原理，就是對天主創世的讚美頌揚。正如著名
天文學家開普勒 (Johannes Kepler) 所言：「一切探索外在世界的主要目
的，皆在於發現天主所賦予的理性秩序及其和諧。天主用數學語言向我們
揭示了真理。」[12]

羅馬學院《教學大綱》強調數學的重要性，要求數學老師授課的順序如下：
「歐幾里得（前）六卷、算術、天球論、宇宙結構學、天文學、行星理論、
阿方索星表、光學、計時。只有哲學二年級的學生才有資格聽講，而一年
級的辯證法學生，則在獲得特許後，方可旁聽。」[13]

跟隨 Clavius 先生
學習天文、數學

傑出天文學家及數學家、德國耶穌會神父、有釘先生之稱的
Christophorus Clavius（1537-1621），自 1563 年起在羅
馬學院任教，是利瑪竇的恩師之一，對青年利瑪竇的成長影
響極大。因他 1574 年出版了從希臘語翻譯並注釋的歐幾里
德《幾何原本》，被譽為 16 世紀的歐幾里德。除了當時一
些大科學家與釘先生的通信外，還有青年伽利略，他曾多次
向釘先生徵詢意見。徐光啟與利瑪竇合譯的《幾何原本》，
還有利瑪竇傳授、徐光啟編撰的《勾股義》等著作，都可歸
因於利瑪竇在羅馬學院學習時積累的成果。

// 有 700 多年歷史的 Macerata Univesity，以法律學系聞名。（M.Lee 攝）

豎立於瑪切拉塔主教座堂外的利瑪竇銅像（M.Lee 攝）

假如把數學比作科學的基礎，那麼天文學就是巔峰。利瑪竇在羅馬求學期間，哥白尼的日心說名著《天體運行論》（1543 年）已出版了 30 年。相信利氏曾經閱讀，因為儘管有人批評這本書，但當時並未遭禁，直到它面世 70 年後的 1616 年，教會才對此書開始採取官方行動，先暫時被列為禁書，後又於 1620 年對其進行修正。這一切均發生在伽利略事件爭端期間。釘先生是支持哥白尼觀點的伽利略的好友。但利瑪竇絕對沒有受到絲毫牽連，因為這些都是在他去世之後發生的事情。

天文學和數學知識應用於日曆推算。意大利學者柯毅林神父（Gianni Criveller, PIME）推測，很有可能利瑪竇曾經參與釘先生在修曆過程中的分析計算工作。儘管額我略曆（即公曆或陽曆）是 1582 年才頒佈發行，但根據利瑪竇於 1589 年制定的中文版公曆一事，可以推測他已涉獵其中，而這部曆法最後由金尼閣於 1625 年以《推定歷年瞻禮日法》之名出版 [14]。

刻苦鑽研
地理學和製圖學

地理學和製圖學也是兩門在他學生時代發展迅速的學科，
利瑪竇在羅馬學院刻苦鑽研製圖，來到中國後，迅速取得
了卓越的成效。他繪製的世界地圖有六個版本，1584 年的
肇慶版、1600 年的南京版，還有 1602、1603、1608、
1609 年的北京版。除了利瑪竇，其他在華傳教士，如艾儒

// 以瑪切拉塔城徽放入街道欄杆作為裝飾，時刻提醒大家這裏就是瑪切拉塔。
（M.Lee 攝）

略、湯若望、南懷仁、衛爾格、卜彌格等都紛紛寫信給他們在羅馬的老師,分享他們學以致用的喜樂。

實際的動手操作和技術訓練也是不容忽視的。利瑪竇學會日晷的製作原理和技術,並且洞悉機械鐘的奧秘。利瑪竇不僅繪製多幅世界地圖,還自己動手製作自鳴鐘、地球儀、渾天儀、等高儀、日晷及測繪儀器等。

有時會聽到有人指責利瑪竇等人將天文學和神學混為一談。事實上這樣的指控失諸客觀公平,因為在 17 世紀初,尚未嚴格地區分宗教和科學的範疇。即使在當代科學家中間,也並不是所有人完全接受這種區分和對立。實際上將兩種研究截然區分或對立,並不屬於那個時代的科學。利瑪竇認為宗教訊息和歐洲科學密不可分,統稱為「天學」。在這個整體性的天學內,科學和神學相互支持,二者均以理性的面貌出現,因為都源自同一的真理之神——天主。對耶穌會會士或基督徒而言,這是顯而易見的真理。有些學者卻試圖把它們截然分開:他們對歐洲的科學技術很感興趣,但對上帝的「迷信」之說竟無動於衷,甚至乾脆反對。

艾儒略在 1623 年出版的《西學凡》主要介紹了歐洲學校教育的課程設置,包括六門基本學科:修辭學(文科)、哲學(邏輯學、物理學、數學、倫理學、形而上學)、醫學、社會法、教會法、神學。後來《西學凡》又被李之藻編入《天學初函》,就說明天學的概念要大於西學的概念,所以西學和天學的概念並不相同。

在 16、17 世紀的歐洲教育系統中，「俗學」和「聖學」，既不嚴格區分，也不相互對立，而是彼此補充、相互協調一致的。天文學屬於數學範疇；數學屬於理科；理科屬於哲學；而哲學又為神學做準備的，神學則屬於學術最高範疇。伽利略在《試金者》中說：「誰不研究書寫宇宙的語言和文字，就讀不懂宇宙。因為宇宙是以數學語言寫成的。」[15] 由此闡明了天文學和數學與神學的密切相關，而並非水火不相容。

推動社會和諧進步的利瑪竇

不論中外學界對利瑪竇其人其學的價值判斷分歧有多大，都必須承認由歷史所昭示的這些事實，基督的福音已深深紮根中華大地；歐洲文化的理性價值與中國文化的道德傳統都有相互提升；天文、地理、幾何等當時西方最先進科學技術的引進對中國科技發展起了積極作用。

在今日文化建設中，應深入地系統地探究徐利二位先賢的友誼，及他們推動社會和諧進步的道德精神動力之所在，並積極尋找他們不斷淨化提升理性的秘訣，努力效法他們深切關注人類公益，以促進中國社會的，乃至普世人類的和諧構建。

// 當時的瑪切拉塔主教 Bishop Claudio Giuliodori
於 2012 年 5 月接受李韓玲訪問（相片來源：M.Lee）

// 孫旭義神父（右）與當時負責意文翻譯的梁啟光神
父（慈幼會會士）（M.Lee 攝）

1 Benedetto XVI, *Messaggio al vescovo di Macerata per le celebrazioni ricciane*, 2009.05.06。本篤十六世稱讚利瑪竇神父在科學方面和牧靈工作策略之間掌握得恰到好處,一方面尊重當地人的文化習俗,另一方面又啟示真理將其昇華及完善,「就像教父們面對福音與希臘─羅馬文化相遇時所作的一樣,他高瞻遠矚,努力與該國的文人學士們尋求恆久的默契,為基督信仰在中國的本位化工作奠定了基礎。」

2 Giovanni Paolo II, *Messaggio ai partecipanti al convegno interazionale Matteo Ricci : per un dialogo tra Cina e Occidente*, 2001.10.24. 若望保祿二世:「願利瑪竇神父在東西方之間,在基督信仰和中國文化之間,已為我們開闢了道路,使我們可以不斷發現新路徑,以促進建設性對話,並增進人性及精神方面互惠雙贏的財富。」

3 David E. Mungello(孟德衛), *Curious Land: Jesuit Accommodation and the Origins of Sinology*, University of Hawaii Press, Honolulu 1985.

4 日本比較文學博士、東京大學的家平川祐弘教授在其著作中稱利瑪竇是「人類歷史上第一位集歐洲文藝復興時期的諸種學藝,和中國四書五經等古典學問於一身的巨人」,並將他看作是地球上出現的第一位「世界公民」。

5 Giuliodori C.(朱理道), *Discorso su padre Matteo Ricci nell'* Universita Fu Jen, 2012.02.20.「歲月的流逝不但沒有使利瑪竇的偉大變得暗淡;相反,人們今天比任何以往更欣賞他的文化底蘊、道德境界和高貴情操,不僅僅因他是歷史巨人,而更因他愈來愈像照亮教會和人類未來道路的燈塔。」他還稱利瑪竇為歷史長河中最重要的分水嶺之一:「因為他的真誠對話及本地化方式至今仍具有現實意義,並在不少領域中卓絕非凡。」

6 BCf. Otello Gentili, *Apostolo della Cina P. Matteo Ricci S.J.*, Tipografia Poligrotta Vaticana, Roma 1982, p.21

7 1773 年耶穌會被教廷解散,而學院被改為 Mozzi Borgetti 圖書館,現在則是政府圖書館。它是瑪爾凱最大的圖書館之一,藏書 35 萬餘冊,除了一萬多份手稿之外,還有 16 世紀前的 300 冊珍貴古籍,以及 16 世紀的 400 餘冊古書,絕大部分源自利瑪竇少年學習時的耶穌會學校。Cf. Pio Cartechini, *Macerata e la sua biblioteca*, in La biblioteca Mozzi-Borgetti di Macerata, Roma, Editalia, 1993, p.31; Aldo Adversi, *La cultura, in Storia di Macerata, III2*, Macerata, Grafica Maceratese, 1988, p.15;Libero Paci, *La soppressione dei Gesuiti ed i primordi della biblioteca comunale di Macerata*, 《Studia Picena》, 40(1973), p.1.

8 利瑪竇的父親利奇若翰(Giovanni Battista Ricci)是藥商,也是城中民法委員會成員,1956 年成為市政廳議員。Cf. Gianni Criveller, *Portrait of a jesuit: Matteo Ricci*, Macau Ricci Institute, Macau 2010, p.17.

9 Matteo Ricci, *Lettere, Quodlibet*, Macerata 2001, p.360.

10 Cf. Otello Gentili, *Apostolo della Cina P. Matteo Ricci S.J.*, Tipografia Poligrotta Vaticana, Roma 1982, p.25.

// 從瑪切拉塔內的建築物可看出意大利人對音樂和藝術的愛好和浪漫之情（M.Lee 攝）

11 青年耶穌會會士向上司呈遞「赴印申請」（Litterae indipetae），是耶穌會特有的文獻，以「印度」一詞泛指廣袤的傳教區：西印度指美洲，東印度指亞洲。Cf. Gianni Criveller, *Portrait of a jesuit: Matteo Ricci*, p.32-33.

12 Cf. Michela Fontana, *Matteo Ricci. Un gesuita alla corte dei Ming*, Oscar Mondadori, Milano 2008, p.14.

13 Cf. Gianni Criveller, *Portrait of jesuit: Matteo Ricci*, p.26.

14 Cf. Gianni Criveller, *Portrait of a jesuit: Matteo Ricci*, p.28.

15 Galileo Galilei, *Il saggiatore*, Feltrinelli, Milano 1965, p.38.

讓中國人拜服
的神奇記憶術

利氏記憶術可以運用到經書的背誦，更進一步在科舉制度的選拔裏發揮記憶中國經典（背誦默寫）的功能，……這些理論確實有助記憶法則，但人們也要具備極其良好的記憶力方能使用。……可見利氏的記憶法在應用方面，仍存有極大疑問。

~張錯

著名詩人
台北醫學大學人文藝術講座教授

1595 年，利瑪竇在南昌給澳門的孟三德神父（Edorado de Sande）寫了一封信講述一件有關漢字與記憶術的趣事：

「有一件事使我倍增聲譽，就是我能很快背誦中國字。我與他們打賭，表示我認識很多中國字；這是為服侍上主與光榮天主是很重要的，我告訴他們，任意寫多少中國字於一張紙上，彼此不必按一定的程序，只要唸一次，我就可背出它們來，一如所寫的程序一樣。他們就如此照辦了，不按程序寫了許多字，我唸完一次，就如他們所寫的同樣又背了出來，他們於是都驚奇不止，像是一件大事，而我為使他們更驚奇，我又將他們倒着背誦出來，感覺毫無困難，從最後一個回到第一個字一字不漏。這樣更使眾人大驚失色。後來，他們就要我教他們這種神奇記憶的方法，如何能有這麼好的記憶力。為此，在文人中，我的聲譽四揚各處，使我無法承受，秀才們每天來，還有別的重要人

來求我，教他們這種學問，要拜我為師，行拜師禮，並付師禮金。我回答他們說，我不接受金錢，而現在，還沒有定居下來，又沒有同伴，又沒有合適的房子，另外又因太忙所以不能接受學生，要先定下來，慢慢地找房子，如此地先安慰他們。實在，記地方名字，是中國文字特有的事，因為他們各有便利與用途，每字都繪一個圖形，而表示一件東西。我這種背記地方名字的本事也傳到了都堂那裏，他也同我的醫生朋友，並和我談起了這件事。」（《利瑪竇書信集（上）》，頁163）

自此，每日上門來求見利氏的人，絡繹不絕，尤其是士大夫們。因為利氏的記憶術可以運用到經書的背誦，可以在科舉考試時發揮出來。這神奇的記憶術，是利氏在中國極受上層社會歡迎的法寶之一。

// 位於北京宣武門天主教堂院內的利瑪竇塑像（相片來源：《青石存史》）

利氏記憶術
助中國士人考科舉

利瑪竇以認單字方式來運用記憶術重新背寫，的確讓中國的士人驚奇不已，但尚不致成為擠擁往訪利氏的主因。1597 年，利氏致函神學院同窗巴西奧乃伊（P.L. Passionei）神父，提到把早期寫的記憶術「翻譯」為中文而成《記法》一書，這本書本是獻給巴神父的。跟着他說：

「因此中國人對我們都十分欽佩，在他們書中對我推崇備至，認為我有『過目不忘』之能，當我否認時，他們還不相信，認為那是謙詞而已。尤其同他們辯論時，我常引他們的經書；有時為開玩笑，背誦一段文章，並能立刻倒背，因此使中國讀書人驚訝不止。我最大的辛苦是應付這些讀書人，因為今年本月（1597 年 9 月）南昌舉行鄉試，那麼多的生員秀才來訪，不知應如何打發他們啊！」[1]（《利瑪竇書信集（上）》，頁 243）

這才是中國士人擁擠造訪利瑪竇的原因！原來利氏記憶術可以運用到經書的背誦，更進一步在科舉制度的選拔裏發揮記憶中國經典（背誦默寫）的功能，那真是比點石成金的鍊金術還讓中國知識分子興奮！更變相印證了「書中自有黃金屋」這句話，難怪利瑪竇把記憶術列為中國人對他感興趣的第二名。

// 〔美〕史景遷著，陳垣、梅義征譯：《利瑪竇的記憶宮殿》，台北：麥田 2007 年

利氏記憶術秘訣一：
佔位記憶法

《記法》一書全名為《西國記法》，出版於 1596 年，署「利瑪竇詮著」，並由朱鼎澣添訂[2]，這應是利瑪竇早期在意大利的著作稿件修改而成。利氏在耶穌會神學院進修時，受到一項修辭學與語法基本教材的啟示，就是塞浦里昂・蘇爾茲（Cypriano Soarez）著述的《修辭學藝術》（De Arte Rhetorica）。這是一本耶穌會學生必修的教科書，除了分析文句結構，還要求學習大量掌握比喻、隱喻、聲喻、倒敘、諷諭、誇飾等大量修辭技巧。蘇氏稱這些技巧為「佔位記憶法」（Memory Placement），並歸溯自西末尼德（Simonides）[3]。西末尼德為希臘詩人，他曾利用精確的「佔位法」來訓練記憶。利瑪竇在《記法》書中〈明用篇〉第二章如此描述：

古西詩伯西末尼德嘗與親友聚飲一室，賓主甚眾。忽出戶外，其堂隨為迅風推崩，飲者悉壓而死，其屍齏粉，家人莫能辨識。西末尼德因憶親友坐次行列，及一一記而別之，因悟記法而創此遺世焉[4]。

// 今天瑪切拉塔的小城風光，盡頭處即為主教座堂。（M.Lee 攝）

「因憶親友坐次行列」就是「佔位記憶法」，史景遷（Jonathan D. Spence）稱之為「記憶元宮」（The Memory Palace）是有原因的。除了西末尼德「佔位法」外，另外利瑪竇接受比較詳細的記憶訓練應該是普林尼（Pliny）的《自然歷史》（Natural History），茵太林（Quintilian）訓練記憶的演講手冊，通通都與如何確立記憶場所，怎樣安置儲存這些場所內的意象有關 [5]。

令人驚異的是，這種記憶儲藏法和 20 世紀發明的電腦檔案資料儲藏，不謀而合。在電腦運作中，我們把不同資料歸入不同檔，然後不同檔歸入一個或多個檔案。利瑪竇為中國人發明設計的記憶場所（即史景遷所稱的記憶宮殿）亦是如此。學習者必須首先替自己選擇三種場所（或檔案）安放記憶，這三種有實、有虛、有半實半虛，也就是說，它們分別為「實在結構場所」如廣宇大第的宮殿、黌宮（學校）、寺觀、舍館等等。有大有小，自一所至數百所均可，多多益善；小如一堂一軒、一齋一室亦可，主

要是自己熟悉的環境結構。「虛構場所」則全憑心念所假設之虛境，着意想像，讓自我規劃的景物，羅列如在眼前，再而進入心中如臨真境。「半實半虛場所」則有如兩幢樓屋比居相隔，中間須虛闢門徑，以通往來；如樓屋背越，則可虛置階梯，以便登陟；如屋內堂軒寬敞，則必虛安龕櫃座榻，以用作分區及障蔽。因此，前述的比居樓屋堂軒等物，皆屬「實」，而闢門置梯安龕等項皆心念所設而屬「虛」。虛實場所確定後，則把要記憶的資料輸入腦海——「爰自入門為始，循右而行，如臨書然，通前達後，魚貫鱗次，羅列胸中，以待記頓諸象（意象）也，用多，則廣宇千百間，少，則一室可分方隅。」如此重疊樓房，真可謂記憶宮殿了。

利氏記憶術秘訣二：
象記法

如何能把要記的「諸象」（資料）安放入前述場所？利瑪竇利用中文的象形文字本質，發明了「象記法」。他舉例假如要記憶「武、要、利、好」四字，然後用「設位法」（即上述之虛實場所，也就是西末尼德的「佔位法」），把飲酒賓客逐一定位在不同位置，以便順序記憶。在心中默置一室，室有四隅，為安頓之所，四角一共四所，即東南、東北、西北、西南四個場所，分別安放「武、要、利、好」四字的意象。

四字意象即是四個生字的記憶圖形，利瑪竇提議的「武」字圖形，是一個勇士戎服、執戈欲鬥，而一人扼腕以止之意象，其實說穿了也就是象形文字「止戈」之意，一旦這圖形進入腦海，便把它放在東南隅。「要」字則分拆為「西女」，取西夏回回女子之意象，安頓於東北角。「利」字取農夫執鐮刀在田間割禾之象，安放於西北隅。「好」字取一丫鬟女子，手抱一嬰孩戲耍之象，合而為「好」，安放於西南隅。

四字既已分別安頓在四個場所，以後欲記憶，只要默念其室及各隅尋之——「自得其象，因象而憶其字矣。」

「象記法」用意象來記單字聯想，對西方傳教士學習漢語以便牢記非常有用，但以整句記憶而言，便需進一步融會整句意旨來「定識」。譬如記憶「學而時習之，不亦說（悅）乎」一句：

則以俊秀學童，立觀書冊，為「學」字。以武士倒提鑣鈀，象「而」字。以日照寺前，一人望之，象「時」字，或以姓「時」，名「時」之人。以日生兩翼，一人駭觀，象「習」字，或以姓「習」，名「習」之人。以一人持尺許之木，削斷其頭，象「不」字。以一人肩橫一戈，腰懸兩錘，象「夾」字，「夾」篆文即「亦」字也。以傅說築巖，取「說」（悅）字，或以一人拍手仰面而笑，亦象「說」（悅）字。以一胡人胡服而居，假借「乎」字。以上九字，逐字立象，循其次第，置之九處，此蓋一字寄一處之例也。若欲總記數字於一處，則以字象及意象，融化為一，務成自然[6]。

我們隨即看出，利氏的「象記」或「定識」記憶方法，均是利用中國文字形聲義的結構，來產生聯想，對不懂漢語或漢語為

第二語言的人（譬如 20 世紀美國意象派詩人龐德解構中國文字圖形而融入詩歌），意象特別深刻。但如用在本土語言為漢語「先入為主」的中國人而言，究竟有多少殘餘象形圖畫留在經已進化的文化以作聯想，實在是一個大疑問。

中國士人對利氏記憶術的評價

前面曾述利氏在耶穌會神學院受修辭學的薰陶訓練，早已寫了記憶術的稿子，1596 年《西學記法》的中文「譯本」終於出版印行，他寫信給同學巴絲奧乃伊神父：「我被迫把先前給兄台所寫的一冊小書譯成中文。這冊書的原稿我常保存着。第一冊譯本我給了巡撫（按：指陸萬垓），為他三位公子用，巡撫很高興。後來許多別的人也來要，但是都不願按照去做。」[7]我們因而知道，巴絲奧乃伊神父原來是利氏早期一同合作撰寫記憶術的同窗，原稿應為意大利文，但《西學記法》一書的中文本應是原稿的衍譯，不是翻譯，最有力的證據就是利氏在意大利時尚不諳中文，而《記法》一書內所有示範舉例，均以漢語為主，可見利氏做了極大的修改制訂。

即使如此，《記法》一書並未臻達利氏或中國士人的預期效果。利氏把書獻上給江蘇巡撫陸萬垓及他的三

名兒子，企圖為三名兒子提供考取科舉的最佳記憶方法，一旦高中，自然會感恩圖報讓利氏推展在華教務。而最後陸巡撫的兒子們在科舉考試中名列前茅，卻並非全靠利氏方法，大部分仍倚賴中國最傳統苦讀反覆背誦的記憶實踐法，甚至，其中一個長子向他的好友批評利氏方法說：「這些理論確實有助記憶法則，但人們也要具備極其良好的記憶力方能使用。」利氏寫給同窗巴神父的信裏，同樣也掩不住失望之情而說，許多人都非常欣賞此書而要求閱讀，但並非每人均肯學習使用其中的記憶方法。可見利氏的記憶法在應用方面，仍存有極大疑問。

// 這是利瑪竇獻給皇帝的聖母像，這標誌着歐洲的油畫第一次被介紹到中國。（圖片來源：《青石存史》）

// 今日的瑪切拉塔仍保留着昔日面貌（M.Lee 攝）

1　羅漁譯：《利瑪竇書信集》，屬《利瑪竇全集》，台北輔仁大學及光啟出版社聯合出版，1986 年，頁 243。

2　利瑪竇著：《西國記法》，載於《天主教東傳文獻》，梵蒂岡圖書館藏本影印，台灣學生書局，1965 年初版，1997 年三版。該書並無完整英譯，唯史景遷（Jonathan Spence），*The Memory Palace of Matteo R icci*, New York 一書，自 1984 年在英美出版迄今，為《記法》目前最詳細的介紹。以下簡稱《記法》。有關利氏專著，目前最標準校勘版本為朱維錚主編：《利瑪竇中文著譯集》，香港城市大學出版社，2001 年，內收利氏著作 17 種。

3　史景遷，見註 2，頁 5。

4　《記法》，見註 2，頁 17-18。

5　同上，頁 46-47。

6　史景遷，見註 2，頁 4。

7　《書信集》，頁 409。

今人眼中的利瑪竇

利瑪竇導遊——
400 年前的中國

一個年輕人對遙遠他鄉的嚮往，使他產生了走出去的夢想。他愛上了言語不通文化迥異的中國，是甚麼原因呢？

~李韡玲

一個年輕人對遙遠他鄉的嚮往，使他產生了走出去的夢想。他愛上了言語不通文化迥異的中國，是甚麼原因呢？今日我們請他充當導遊，領我們走進 400 年前的中國，並感受他的中國心、中國情，以及那一份跌宕與喜悅。

利瑪竇
對中國文化
的着迷

利瑪竇初抵中國安頓下來後，心情並非想像中的愉快。1605 年 5 月 12 日他在北京給弟弟奧拉濟奧（Orazio Ricci）的書信中寫道：

「我們好像自動充軍流徙一般，生活在此遙遠的地方，不但和我們的親人，即父母、兄弟、親友分離，而且還和天主教世界、自己的祖國分離，有些區域，有時 10 年、20 年都看不見一位歐洲人，從來沒有麵包吃（在中國南方），也無葡萄酒喝；其他在馬六甲傳教的神父們，每天以草根養生，有的赤足在炎熱的太陽下行走，太陽可把頭曬昏、地面可把腳磨破，整天穿着補贖與朝聖者的服裝。

我們在這裏不剪髮、不刮鬍、頭髮長達雙肩，很多次得躲避仇視者的迫害，例如有一次，為求外援從窗戶跳下而傷了腳，直到今天仍感到疼痛。

別的傳教士有的遭海難，有的遭河災，比如我就有一回因船破而掉入大河中，有人被仇視者釘在十字架上，有的被箭穿透、有的被槍刺死，那些仍活着的神父們，一如我們每天面對着死亡，不知今天脫鞋，明天仍會穿上否？生活在億兆教外人中，我們之所以如此，全為愛天主之故，希望天主寬恕我們的罪惡，救我們脫離地獄的苦刑。我們每天為此流淚，為此哭泣，不知天主將來如何審判我們？

因此人在家中，同自己的父母、親友住在一起，在舒適、愉快中生活，應當有甚麼心情啊？說實話，我的日子不多了，頭髮與鬍鬚都白了，中國人都驚訝像我的年齡不應當白得這麼快，但他們不知道，他們才是我頭髮變白的原因哪！」（《利瑪竇書信集（上）》，頁 295-296）。

縱然如此，利瑪竇仍然帶着理想，並多加了一份毅力和對中國的崇拜和熱愛，他選擇留下，勇往直前。

利瑪竇眼中
的中國

利瑪竇於 1584 年 9 月 13 日於肇慶寫了一封信給西班牙稅
務司司長羅曼（G. Roman），向他形容了自己眼中的中國：
（節錄）

「中國是一個最古老的帝國，歷史悠久，我們的祖先早已
認識它，但僅知名為中國，對其歷史所知不多。中國人在
過去曾稱為唐人，而現在則稱『大明』。習慣上，中國改
名是根據朝代及王位的變遷而有變更，明朝已有兩百多年
的歷史了。開國皇帝取了名稱，其繼承者也得延用下去。」

「關於中國的位置，似乎宜繪一張地圖，先從南部交趾支那，
直到東北的尖端，是遼州（半島），它屬中國的一省，自那裏
向上沿海可至日本，那是從 120 度或 137 度緯度，直到福多
那島（Fortunadas）。」

 ## 1. 城規建築華美有條理，水陸交通便利

「古代中國計有 18 個諸侯，就分建 18 個王國：以後歸一
個皇帝統治，帝國內分 9 州，一如島一樣，因為是沿河流
而劃分的，現在分為 15 行省，就是：北京、南京、山東、
山西、陝西、河南、浙江、江西、湖廣、四川、福建、廣東、
廣西、雲南、貴州。每省有一座大城，稱為省會，各有其名，
皆有撫台駐守，管理全省。」

「在富麗廣大、人口眾多方面，我們歐洲的要優於他們，
所以在華麗上，他們比較差一等，雖然，這裏我們只是看
到中國較差的一省，就是廣東省，原來這裏是放逐犯人的
地方。不過在其他省份中，特別是在皇帝的所在地北京，

還有古時京都之地南京等，可與羅馬人的工程相媲美。街道修得筆直，鋪地磚，牌坊處處有，比羅馬城還多。由於這些牌坊，使城市變得更莊嚴，顯出國家治理得好，工程偉大，其上鑲有大理石的碑文，刻上精美文字，似乎比我們的要好得多。」

「王府很多，但建築比不上我們歐洲的結實，他們僅外表好看。巡撫與大官的宅第則金壁輝煌，高大、華麗、奢侈。其外，是他們的神廟，一切都具有格式與規律，所有的神廟牆壁多呈灰色，但上部各種顏色鮮艷奪目。房舍的區別是按官職的高低而分類的，而廟宇方面，則是按神的敬禮而分的。此外，他們有建築得很好而又富麗的私人塔及公眾塔，也全是高大雄偉的。」

農產品豐腴，名山大川眾多

「中國土地的肥沃，其他土地無與倫比。這裏擁有很多類的牲畜，包括綿羊與山羊，但是他們比較重視黃牛和水牛，所以數量也多，但多用於耕田與其他用途上。

陸地上充滿果樹、森林、蔬菜，充滿廣大的良好田地和豐盛的莊稼，各處有淡水河流分佈其間，大部分都能航行船隻，大運河還可通航到北京，人們也可由陸路前往，那需要 3 個月，水陸兩路，任人自取，好像一個大威尼斯。除了天然河流之外，還有人工所掘的運河，通過很大的城市，貫通整個中國。」

「他們用高粱與米釀成各種酒類，不習慣喝水。普通不用葡萄酒，不會製造橄欖油，有橄欖樹，多作燃料用。食用水果豐盛，與我們的差不多。

// 肇慶星湖的日落美景（M. Lee 攝）

一言以蔽之，此地土地肥沃，物產豐富，無需任何外
來的產品。為此，他們毫不注意與別國通商的事務。
特別要提到的，麥子與稻米以及其他蔬菜，產量遠超
過西班牙，至少每年收穫兩至三次。這方面是歸功於
照顧與播種的得法和土地的耕耘良好的關係，他們耕
種似乎比我們更好。」

3. 民生的日常生活情況

服飾方面，「所有人都穿着同一的服裝，官員則有些區別，其餘的人則在材料與顏色上來作區別。所有服裝都很笨重、寬大、寬袖，一如威尼斯人一般，雖然，在自己家中可以穿短裝。農夫皆備有一、兩件好看的衣服，以便見官員或朋友、或接客時用，平常都收藏起來。由帽子也可區分出人的身份，因為各官有各種等級的帽子，一般老百姓與貴族的服飾又不一樣，頭髮上也用許多飾物，像西班牙的婦女一樣，人人都留長髮，只有和尚除外。」

「中國的土地很清潔健康，在那裏沒有發生過瘟疫和傳染病，所以各處都有白髮老人。也有些整天企圖在浪費金錢，相互宴請，飲酒作樂，很愛好吃喝聲色之樂，且有專門書籍，記載彈琴的姿勢與舉行宴會的季節，整年有舞蹈和音樂，還有作樂的處所、釣魚的池塘，和其他消遣的處所等等。」

「宗教信仰方面，中國共有三個教派，一為『釋』教，一是『道』教和『儒』教，而以後者最出名，他們不信靈魂不死，而且譏笑其他兩派的教義以及鬼神，他們只感謝『天』與『地』，因為他們由此而獲得了不少恩惠，但並不向『天』『地』要求天堂的福樂。」

// 北京行政學院編：《青石
存史》，北京出版集團，
2012 年

4. 政通人和，城牆堅固

「中國國土得以鞏固就是靠城牆和堡壘了，這都是作戰可憑藉的天然實力。省份共 15 個，在皇帝的魚鱗冊上，共有 6,000 萬納稅人，官吏有司法、財政官員及作戰武官。所有的附庸國，連日本在內，全得對中國朝廷進貢，但現在日本已不進貢了，皇帝一看到中國的人民眾多、物產豐富，覺得真是偉大，他們以為中國就是整個世界了，或至少中國佔有世界之大部分。

除軍人外，其他人不能在家藏有武器，所以對着一般百姓都不該懼怕，但是如一大群的人，那又另當別論。他們築有很多城堡，每座城市都有城牆作為防禦盜賊土匪攻擊之用，城牆建築都合乎幾何式的比例。」

（本文節錄及撮寫自：羅漁譯：《利瑪竇書信集（上）》，台北輔仁大學及光啟出版社聯合出版，1985 年，頁 46-57。）

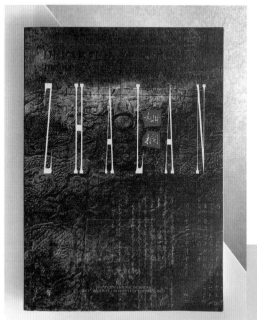

//Instituto Cultural De Macau Ricci Institute, *Zhalan*, University of San Francisco, 1995

走過歷史
展望未來

利瑪竇 400 多年前在全國各地所埋下的種子,在 19 世紀的香港生長並且茁壯,甚至惠及與本港社會發展息息相關的醫學。

~梁卓偉

香港大學醫學院院長
音樂家

明朝萬曆年間,耶穌會神父利瑪竇(Matteo Ricci)是西學東漸的先行者,為中國以至全世界帶來深遠影響。歷史與命運交錯,結果往往出乎意料,誰會想到,利瑪竇 400 多年前在全國各地所埋下的種子,會在 19 世紀的香港生長並且茁壯,甚至惠及與本港社會發展息息相關的醫學。當時許多傳教士都以醫療為牧職,而香港多家醫院正出自此傳統。倫敦傳道會(London Missionary Society)更於 1887 年在香港創辦香港華人西醫書院,是港大醫學院前身。而事實上港大的利瑪竇宿舍(Ricci Hall)多年來更是不少名醫求學時期的搖籃。

涓滴細水可匯聚成洪流,歷史乃是無數先行者的總經歷。利瑪竇是耶穌會傳教士出身,數世紀前隻身來華,堅持信念而成為歷史巨人。吾友李韡玲因祖籍肇慶並敬佩利瑪竇的為人和勇毅使然,熱愛生命,來回中港意三地多次,努力不懈,完成大家手中這本有關利瑪竇的鉅著。

我在香港特別行政區和英國接受中小學教育，先後就讀共三家耶穌會學校，雖與利瑪竇相距 400 多年，但同樣持守耶穌會終身靈修的信念，但願自己在醫學院崗位、在生活中的責任、在個人的愛和慈悲三方面上，有效發揮卑微的作用。

東西方相遇能否真正超越文化隔閡，一直是爭論不休的話題。英國大文豪吉卜林（Rudyard Kipling）的名篇《東西方情謠》（*The Ballad of East and West*）開頭兩句如此說：「東方是東方，西方是西方，東西永不相逢，直至地老天荒。」（Oh, East is East, and West is West, and never the twain shall meet.）回望利瑪竇傳教歷史和香港醫療發展過程，思考吉卜林這觀點，可以說是別有一番領會。

無問西東，冥冥中似乎自有主宰。大家都明白歷史或會重複，但結果卻取決於每個人在歷史的過程中如何把持。歷史會紀錄每一個人的足跡，連成一段歷史鏈索，只有走過歷史，才能展望未來。共勉之。

// 梁卓偉教授與李韡玲（相片來源：M.Lee）

利瑪竇
憂鬱的畫像

利瑪竇曾經在不同場合確認自己患上憂鬱症。……
憂鬱有很多不同類型，利瑪竇也明白其多樣性。他
很謹慎地說，他的憂鬱屬於好的一類。……生活在
邊界的人容易患上憂鬱症。而利瑪竇正是穿越很多
邊界的人，他本身就是活生生的邊界。

～柯毅霖

利瑪竇專家
香港聖神修院教授

1595 年初夏，利瑪竇首次得到機會跟隨一個官方團
隊去北京。但當團隊抵達南京時，本來答應帶傳教團
與官方團隊同行的官員拒絕帶他繼續行程，利瑪竇
也因此被驅趕離南京城。在該次不愉快的行程中，利
瑪竇的一位同伴也不幸掉在河裏淹死了，他自己也險
些一同遇難。由於諸事欠順，利瑪竇陷入了抑鬱中。
1595 年 6 月 25 日或 26 日，利瑪竇發了一個夢。過
了 4 個月後，他把這件事告訴好朋友高斯塔神父（P.G.
Costa）：

「當時我正因南京（北京）之行的不成功而鬱鬱不
樂，又因旅途勞累而進入夢鄉。看見迎面來了一個我
不認識的人，對我說：『你就是在這裏要消滅古傳的
宗教而宣傳天主的宗教嗎？』……我聞聲跪地叩拜，

流淚痛哭謂：『主啊！您既然知道我的心事，為甚麼不幫助我啊？』他回答我說：『你可以到那座城裏去！』當時我懂是指北京而言──『在那裏我要幫助你。』……這就是我的夢。」（《利瑪竇書信集（上）》，頁185-186）

憂鬱者
的夢

這是利瑪竇述說的唯一有關他的夢，他告誡弟子，包括徐光啟，不要太在意夢境，這也是耶穌會來華傳教400年以來我們所知道的唯一的夢。在寫信給高斯塔神父的同時，利瑪竇也去信他的總會長及其他人，但都沒有提及這個夢。很有可能，利瑪竇覺得這個夢是很私人的，只可以跟好友兼瑪切拉塔同鄉高斯塔分享。

傳教團當然不能預見上京的預言會否成真。當時利瑪竇正正到處碰壁，不但上京無望，反而離北京愈來愈遠。要到6年後的1601年1月24日，夢境才實現。利瑪竇當然沒法預見有一天他果然會踏足京城。

這個夢也記載在另外兩份古老文獻中：一是利瑪竇在1608年到1610年所寫的自傳《利瑪竇的中國劄記》，另一是艾儒略在1630年以中文寫成的《利瑪竇傳》。兩個文本都是利瑪竇進京後的事後記述，當然沒有在進京前6年的1595年10月28日寫給高斯塔的信般充滿趣味與遐想。

利瑪竇的
憂鬱

利瑪竇曾經在不同場合確認自己患上了抑鬱症。1605 年
5 月 12 日，他寫了一封甚為不尋常且話語帶責怪的信給弟
弟奧拉濟奧（Orazio Ricci）。可能因為利瑪竇期望家人能
給予更多的關心和來信，這封信寫得有點失控，內容對家人
表露出憤懣的情緒。利瑪竇一直與家人的關係平平，除了與
至愛的祖母拉利雅例外。這一次，利瑪竇顯露了性格中的軟
弱和「世俗」（這個形容詞後面有更多的描述）的一面：

「此外我還記得曾給我的弟弟們致書，因為他們時常紀念我
們這些會士們。我們好像自動充軍流徙一般，不但和我們的
親人，即父母、兄弟、親友分離，而且還和天主教世界，自
己的祖國分離。」（《利瑪竇書信集（下）》，頁 295）

當利瑪竇使用「憂鬱」這個詞的時候，通常是跟「想像」連
在一起的。在亞里士多德、文藝復興以及耶穌會式的思維模
式，憂鬱與想像是緊密相連的。1580 年 11 月 29 日，利瑪
竇從印度交趾寫信給他的同學馬塞利（P.L. Maselli）神父，
在信的開首，這兩個名詞也是連用的，這是利瑪竇有關憂鬱
的最佳文本：

「我想您知道，雖然我離開肉體的父母很遠，而我本人又仍
然相當世俗化，但我並不十分感到難過，因為有您在，我愛
您超過愛我的父親。因此可以了解您的來信是多麼讓我高興
啊！我不知道為甚麼有時候忽然有某種幻想（編者按：想
像）呈現在我的腦海裏，也不知道為何給我造成一種憂愁
感，這為我好像是件好事，我也曾希望不曾有過它，非常想
念羅馬學院的神父與同會的兄弟們，我是如何地愛他們，現

在仍然如此，我曾有幸在這學院裏誕生（編者按：即矢發初次聖願，成為耶穌會一份子），在這裏受教育，他們也許不記得我了。但他們卻非常鮮明地出現在我的腦海裏；我雖卑微，但常在祈禱和眼淚中懷念您與學院的其他神父和弟兄。」（《利瑪竇書信集（上）》，頁13）

在短短數行中，利瑪竇羅列了一系列令人印象深刻的與憂鬱有關的字眼和動詞，如：難過、離開、世俗化、遠離、我愛、幻想、一種憂愁感、希望、想念、仍然如此、不記得、腦海裏、卑微、眼淚、懷念。

利瑪竇寫的「一種憂愁感，這為我好像是件好事，我也曾希望不曾有過它」的句子是有點離經叛道，因為傳統天主教道德教義中，憂鬱與懶惰是有關聯的，是七宗罪之一。在利瑪竇時代的天主教傳統，犯上七宗罪是相當嚴重的道德病態，在最極端的情況下，甚至要出動驅魔手段。

在上面一段強烈的表述中，利瑪竇形容自己非常「世俗」，令人讀來驚訝而負面，難以想像會出現在今天的神職人員筆下。

憂鬱有很多不同類型，利瑪竇是知道的。他很謹慎地說，他的憂鬱是屬於好的一類。雖然他「也曾希望不曾有過它」。這是亞里士多德和人文主義者所描述的那類憂鬱。

想像、憂鬱

人文主義者利瑪竇將憂鬱與想像聯繫起來，因為想像（Imaginary）是耶穌會的訓練和神修的基本特色，通過使用形像作為神操（Spiritual Exercises）的定象（Composition of Place），把自己放進一個想像的空間，透過神聖形象述說福音的故事。這些形象可以把一個人從自己的世界抽出，創造新的思維形像，然後取代自我。這種脫離自我，建立起新的空間，有助進行默觀（默想），讓自己與神聖世界接觸。

採用神聖形像，並且相信其超凡的力量；那些使用印刷及傳播代表耶穌一生的圖像，並相信其能激發想像力、說服力、甚至有治癒力。到今天為止，是利瑪竇及其耶穌會同伴們最具創意的傳教活動。

1621年，羅拔波頓（Robert Burton, 1557-1640）在倫敦出版了《憂鬱的解剖》（*The Anatomy of Melancholy*）一書，這本 900頁鉅著，總結了數十年來有關憂鬱的研究，並將其引進現代文化一併觀察。在這本書中，波頓引述了在中國北京逝世才 11 年的利瑪竇在中國的生活情況至少 16 次。波頓之所以引述利瑪竇主要是有關中國的生活和習俗，而不是他的憂鬱，因為波頓還未有機會看到他的書信。波頓說，外國人在中國生活，遇上各種精神上的困擾是可以理解的。

波頓的引述出自利瑪竇的著作《利瑪竇的中國箚記》，該書寫於 1608 至 1610 年，多得金尼閣神父的拉丁文譯本和補正，已在歐洲風行了數年。本書極為成功，翌年（1616 年）便刊印第二版。波頓讀的可能是拉丁文版，或其他歐洲語文翻譯，例如法文（1616 年，1617 年，1618 年）和德文（1617 年）。這本《利瑪竇的中國箚記》也被翻譯成西班牙文、意大利文和英文（1621 年，1622 年及 1625 年），趕上《憂鬱的解剖》推出的第二版。

憂鬱的畫像

在德國神學家格甸尼（Romano Guardini, 1885-1968）的《憂鬱的畫像》（*Portrait of Melancholy*, 1928）一書中，我找到了符合利瑪竇這位憂鬱傳教士形象的相關主題。根據格甸尼的分析，生活在各種文化邊界的人是容易患上憂鬱症的。而利瑪竇正是個穿越很多邊界的人，他本身就是活生生的邊界。

有些人也曾經深刻地體驗了「生活在邊界」的神秘經驗，他們永遠不會清晰地知道自己究竟是在這邊還是在那邊。是的，他們生活在無人地帶。憂鬱是當一個人感到十分接近無極限時所產生的一種焦慮，因為這同時既是祝福也是威脅。人類生命的意義就在於成為「活着的邊界」。（原文為德文〔*Vom Sinn der Schwermut,* 1928〕，我讀的是意文翻譯〔*Morcelliana*,1999,P.69-78〕）

（本文翻譯：關永圻）

// 柯毅霖神父（左）與喇沙書院前校長 Brother Thomas Lavin 齊齊切蛋糕慶生。（相片來源：M.Lee）

利瑪竇掀起的百年風波──
「禮儀之爭」

「禮儀之爭」的起因，是因為最早來華的耶穌會神父利瑪竇及其長上范禮安接納中國人的敬孔祭祖習俗，……被稱作「利瑪竇規矩」……有助天主教爭取社會上層的支持。

～關永圻

資深傳媒人

利瑪竇在明朝中葉來華，開啟了中國文化與西方文化的交流，貢獻至大。利瑪竇了解中國文化，認為中國人祭祖及尊孔並非偶像崇拜，而是對祖先和古代聖人的尊敬。由於不同的天主教傳教修會對在中國的傳教策略有不同看法，致使天主教在中國爆發了一場「禮儀之爭」，從 17 世紀開始，到 20 世紀才結束，引致天主教在中國被禁教差不多 300 年。

//喬治‧鄧恩著，余三樂、石蓉譯：《巨人的一代：利瑪竇和他同會的兄弟們》（上），台北光啟文化，2008 年

「利瑪竇規矩」引發「禮儀之爭」

「禮儀之爭」的起因，是因為最早來華的耶穌會神父利瑪竇及其長上范禮安接納中國人的敬孔祭祖習俗，認為敬孔祭祖並非偶像崇拜，容許中國教徒繼續這個傳統。反對者認為中國人的敬孔祭祖習俗是偶像崇拜；另對「造物者」（Deus）的中文名稱，利瑪竇主張採用中國人的習慣，「天主」、「天父」、「上帝」、「天」都可以。反對者主張跟拉丁文音譯為「陡斯」或「斗斯」。利瑪竇的主張被稱作「利瑪竇規矩」。早期來華的耶穌會會士以皇室和士大夫為傳教目標，「利瑪竇規矩」顯然有助天主教爭取社會上層的支持。其實耶穌會會士之中也並非鐵板一塊，利瑪竇的繼任人龍華民便反對「利瑪竇規矩」，不過，這只是耶穌會內部的爭端。

到了17世紀明末，西班牙支持的兩個托缽僧侶修會，方濟會和道明會從美洲繞道菲律賓，在福建登陸來華傳教。當時耶穌會壟斷了北京的傳教地盤，只讓他們在福建、山東等地駐紮。天主教修會之間由是出現互爭地盤，引起了對傳教方式和信仰內容的爭端。一方面是西班牙傳教士迷信船堅甲利，力主動用武力強行打開中國大門，建立如美洲般合軍事、經濟、政治和宗教於一體的傳教區（Mission），與葡萄牙皇室支持的耶穌會教士主張的友好政策背道而馳。另一方面，方濟會是托缽僧侶，修會的傳教士個個衣衫襤褸，赤足行乞，沿用他們在歐洲的傳教方式，向市民大眾傳教，走進市集高舉十字架，宣佈大家都是罪人，要求群眾悔改奉教，與儒巾儒服如士大夫讀書人，以學識辯論見稱的耶穌會傳教士截然相異。

「禮儀之爭」背後，其實是葡萄牙和西班牙兩個國家爭奪遠東殖民地的衝突引起，加上西班牙支持下的道明會、方濟各會和奧斯定會等天主教托缽修會教士意圖打破耶穌會在華傳教的壟斷特權，把本來無關教義，由利瑪竇一手訂立，容許中國天主教徒祭祖及尊孔的

權宜策略推翻，並與中國的儒家傳統劃清界線，才導致一發不可收拾的衝突。最後更有法國的巴黎外方傳教會的加入，令矛盾變得白熱化，提升到羅馬教皇與清帝之間的衝突，清廷於是實行禁教。

當西班牙道明會和方濟各會傳教士得悉耶穌會接納中國信徒的敬孔祭祖，便着手收集「利瑪竇規矩」的黑材料，斥為異端，由道明會的黎玉范和方濟會的利安當寫成報告，1643 年由黎玉范帶往羅馬，呈交羅馬教皇，要求教廷明令禁止，正式開動了天主教會內的「禮儀之爭」。耶穌會傳教士被迫回應，維護行之有效的中國傳教傳統「利瑪竇規矩」，教廷取態反覆，兩派教士爭個不休。

清廷禁教
直至 1842 年

「禮儀之爭」的發動者黎玉范和利安當兩人根本不懂中文，只靠學識不高的人當翻譯，當然也不明白「利瑪竇規矩」接納敬孔祭祖的真意。到了 18 世紀中葉，來遠東的歐洲國家勢力變動，葡萄牙和西班牙開始衰落，法國起而代之，巴黎外方傳教會的陸方濟得到教皇委派為全權代表，來華迫令傳教士宣誓效忠，放棄「利瑪竇規矩」，衝突由此公開。他們還特別向清廷陳述教皇指令。1701 年（康熙四十年）和 1719 年（康熙五十八年），教廷先後派鐸羅（Charles-Thomas Maillard De Tournon）和嘉樂（Carlo Ambrogio Mezzabarba）兩位特使來華，期間也發佈了一系列的禁制令。結果惹起康熙的憤怒，覺得這些化外之民連敬孔祭祖的中國高尚傳統也不容許，遂決定禁教。康熙死後清廷才正式實行禁教，天主教在華傳教活動全面停頓，外籍教士全數被驅逐去澳門，不少中國教眾也因為教會禁止敬孔祭祖退出教籍。清廷的禁教令要到 1842 年英國贏得鴉片戰爭後才撤銷。

有趣的是，此時西班牙方濟會已改變在華傳教的策略，放棄衣衫襤褸，赤足行乞的傳教方式，改為開辦醫院，建立教區，接納敬孔祭祖，要求派遣有知識的教士來華贏取民心。他們在華傳教成功，實質上已向「利瑪竇規矩」投降了。

要到 1939 年，教宗庇護 12 世（Pope Pius XII，1939-1958 年在位）頒佈《眾所皆知》（*Plane compertum est*）通諭，認為過去宗教式的祭祖、祭孔觀念，經數百年後已變成了民間活動，故可以被酌情允許。不過，這次教廷的改變並不光彩，其實是因為日本軍國主義者要求容許日本天主教徒參拜靖國神社而放寬祭祖的，後推展到滿州國傀儡政權，然後再通行全中國。

本文取材自：
鄧恩（George H. Dunne）：《從利瑪竇到湯若望：晚明的耶穌會傳教士》（*Generation of Giants*），上海古籍出版社，2003 年。同一翻譯有《巨人的一代：利瑪竇和他同會的兄弟們》，台北光啟文化，2008 年；崔維孝：《明清之際西班牙方濟會在華傳教研究（1579-1732）》，北京中華書局，2006 年。

// 左起：李秀梅、王博文（北京三聯）、關永圻和沈昌瑞
（相片來源：關永圻）

追隨利瑪竇
弘揚中國文化

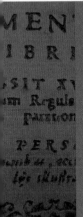

利瑪竇那種對中國文化熱愛得很自在的精神，卻沒有被繼承下來⋯⋯我自中學開始，已夢想繼承利子精神，一生致力在教會內傳揚中國文化，教小朋友背誦中國文化，⋯⋯利子給我的啟發是：「肯定自己、欣賞別人；學習別人，豐富自己」。

~ 徐錦堯

學者
利瑪竇專家

公教教研中心有一位唐先生，不是教友卻經常來教研聽我講道，因為他喜歡我致力於聖經、中國文化和生活實踐三者天衣無縫的結合。

他曾贈我四首詩，有把我和利子前後呼應的味道。今輯錄首尾兩首：

「五百年前利竇翁，西來遠渡萬山重；
讒蠅黑白豺當路，心血應憐水赴東。」

「耶為礎石道為容，相異相親實相同；
歷盡風波兄弟在，拈花微笑一徐翁。」

第二首的「耶」指耶穌，有耶儒互通之意。這其實也是我喜歡甚至醉心利瑪竇的最重要原因。

相傳利子和他的女傭曾有一段簡短而精彩的對話。女：「希望
你的天主祝福你！」利：「也希望你的老天爺保佑你！」天主
和老天爺，不是「相異實相同」嗎？利瑪竇不單包容，而且完
全接受別人的、不同於自己的信仰，且接受得十分自然、從容、
自在。他完全沒有那種「我比你好」的高高在上的氣焰。唐先
生以「拈花微笑一徐翁」來形容我，因為他感覺到，我每次講道，
除基於聖經外，亦不斷引用中國文化和其他宗教的智慧，也是
無比的自然、從容和自在。

讓我愛上中國文化的
啟蒙老師

我全家都不是天主教徒，我是第一位入教的。爸爸沒有領洗而
去世，按「梵二前」的説法是沒法升天堂。我作為神父，真要
與生我育我的父親天凡永隔嗎？你叫我如何接受這種道理？

自我 3 歲始，爸爸便教我《三字經》、《千字文》、《幼學詩》，
中國文化在我很小的時候就已經滲進了我的血液。我今天能用
中國文化走遍全國 75 個大城小鎮去傳福音，亦因此得到中國政
府的接受，單單我的福傳小書，已在國內印行了 720 萬冊。理
由很簡單，因為我熱愛中國文化。這與我自小接受爸爸教導中
國文化有絕對重要的關係。我福傳的成功，爸爸難道沒份？

爸爸教我中國文化，利瑪竇則讓我敢於用中國文化去福傳。利
瑪竇在 400 多年前，已有 400 多年後「梵二」重視的「教會當
地語系化」精神。利子不是先知是甚麼？管仲説「生我者父母，
知我者鮑子也」，我也可以説「生我者父母，知我者利子也」。

 # 繼承利瑪竇
傳揚中國文化的精神

可惜的是，利瑪竇那種對中國文化熱愛得很自在的精神，並沒有被繼承下來，基督徒大多以為自己高人一等，自己有「終極的關懷」、「終極的答案」，別人總是差那麼的一點點。而且，如果中國文化不能進入尋常百姓家，也是功虧一簣。所以我決心寫了一套三本的主日彌撒講道集《主日八分半》，在 3 年的彌撒中，每台彌撒都加入中國文化的元素。每月首主日，我舉行兒童彌撒，要求小朋友們背誦聖經金句和中國文化金句。目的是繼承利子精神，讓中國文化進入尋常百姓家，而且要由小孩子開始。以下是我要求小朋友背誦的中國文化金句，而他們確也樂於在彌撒中爭相出來公開背誦。以下試舉 12 句：

1. 孝順父母：大孝尊親，其次不辱，其下能養。

2. 天國以努力奪取，而強者得之：人一能之己百之，人十能之
   己千之。

3. 聖經教人規勸朋友：責善，朋友之道。益者三友：友直、友
   諒、友多聞。

4. 愛人如己：愛人者，人恆愛之；敬人者，人恆敬之。愛人不
   親反其仁；禮人不答反其敬。

5. 分享：天非私富一人，託以眾貧者之命；天非私貴一人，託
   以眾賤者之身。

6. 崇拜重視內心的聖潔：獲罪於天，無所禱也。

7. 我們是天主的肖像、聖神的宮殿：我有明珠一顆，久被塵牢
   關鎖；一朝塵盡光生，照破山河萬朵。

8. 沒有愛，甚麼都不算：人而不仁，如禮何？人而不仁，如樂
   何？

9. 福傳：天之生斯民也，使先知覺後知，使先覺覺後覺。予，
   天民之先覺者也，予將以此道覺此民也。

10. 我們又盲又聾：一葉能蔽目，雙豆能塞聰；理身不知道，將
    為天地聾。

11. 生命無 take two：少年易老學難成，一寸光陰不可輕；未見
    池塘春草綠，階前梧葉已秋聲。

12. 自強：滅六國者，六國也，非秦也。族秦者，秦也，非天下也。

我自中學開始，已夢想繼承利子精神，一生致力在教會內傳揚
中國文化，教小朋友背誦中國文化，為教會培養新教友，為國
家培育新國民。利子給我的啟發是：做這一切，必須自然、從
容和自在，「肯定自己、欣賞別人；學習別人，豐富自己」，
因為一切真善美，都是源自天主，超越一切宗教、文化和意識
型態的局限。

重新發現利瑪竇

利瑪竇的傳教在某程度上來說雖然不成功，但在筆者看來，天主教在中國傳教的使命在當時是離成功最近的一次。

~李兆華

醫生

香港老年精神專科創會要員之一

2018 年夏季某週末，吾友李韡玲夫婦約筆者夫婦一起去肇慶遊覽，筆者一口答應，因為那裏有利瑪竇曾在中國居留的遺址。那天中午，我們駕車由中山出發，去到肇慶已是下午。利瑪竇曾定居的仙花寺只豎着紀念碑一塊，可見當年仙花寺的位置甚好，在河的轉彎處，面對着西江，開揚、賞心，極適合遠方來定居的年輕人。

// 李兆華醫生夫婦、王岐醫生（右）到訪肇慶仙花寺遺址（相片來源：李兆華）

仙花寺舉行開幕禮（圖片來源：肇慶利瑪竇博物館）

歐洲大時代為後代帶來的機遇

在利瑪竇出生前 60 年，哥倫布在 1492 年發現新大陸，自此新航道被開闢，帶來了新的機遇，新的商機。同時，科學在西歐興起，工業革命正在萌芽。歐洲自覺自己正處於世界文明的前鋒，於是自信地希望將他們的信仰帶給地球上的其他鄰居。

不隨波逐流，受良師影響到中國傳教

利瑪竇來自一個中產家庭，父親開設藥店當然希望他繼承家業，但又希望他能做律師。為此，利瑪竇讀了兩年法律，但自小與眾不同的他，最後申請加入耶穌會修道，志願是往東方傳教。

利瑪竇在耶穌會主辦的學校學習了數年，收穫當然豐富。但就正如筆者一樣，在學習途上，有一個好的導師是個人一生的大幸。利瑪竇在羅馬耶穌會的導師是范禮安（Valignano）神父，是他激發了利瑪竇去中國傳教的雄心。

嚮往中國文化
改中文姓名穿儒服

經過千辛萬苦抵達中國後，先在當時葡萄牙殖民地澳門落腳，一年後，在肇慶知府王泮的邀請下前往中國的城市肇慶。於是他在 1583 年至 1589 年定居在廣東省的肇慶，並在此建立了中國第一間天主堂仙花寺，當年肇慶是廣東省的行政中心，他在這裏一邊學習中文和中國文化，一邊傳教。但是，他是一個開山闢石者，之前從來沒有人在這裏宣揚天主教，所以如何去做確是一個問題，這也是一個中西文化如何去交流的問題。在晚清，張之洞由中國人的角度去推廣「中學為體，西學為用」，利瑪竇則由西方人的角度主張「西學（天主教）為體，中學為用」。例子之一就是他學會了中國的言語、文化之後，為自己起了一個中文名字，他跟從中國的傳統，將姓氏先行，然後是名，所以 Matteo Ricci 便改成了利瑪竇。例子二是他到達中國後改變自己的服飾，身為傳教士的他自然以為穿上中國流行宗教的服飾，即是僧侶袍，可以為他融入中國社會帶來了一點方便。

1589 年利瑪竇離開肇慶去到中國其他的大城市後，發現原來中國的意見領袖及主要官員都尊崇儒家思想，為了融入知識份子的圈子他自此改穿儒服。由於仰慕中國文化，他熟讀四書，與中國的士大夫對答如流，得到他們的尊敬和佩服。在南昌時，他還在白鹿洞書院講學，這是筆者第一次知道古代的書院有外國人講儒家經典。

縱不能親見皇帝，
但追隨者眾

利瑪竇的生命最後的 10 年都在北京，因為他希望能見到中國皇帝，介紹天主教及請求在中國傳教。為見皇帝一面，他在各方面都作了很充分的心理準備，甚至不介意對皇帝行跪拜之禮。但不幸的是，這時的皇帝是明神宗，他當了差不多 48 年皇帝都是在「罷工」，他從不見大臣，從不接待外國賓客，所以利瑪竇至死也沒有機會見到萬曆皇帝一面。這是他的不幸，也是中國的不幸。

利瑪竇的傳教在某程度上來說雖然不成功，但在筆者看來，天主教在中國傳教的使命在當時是離成功最近的一次。利瑪竇對傳播天主教滿有熱誠，他的性格外柔中剛，在中國傳教時甘願放下身段，盡量遷就對方的文化並表示欣賞，令對方慢慢的領悟到天主教的教義。例如他接觸很多士大夫，用儒家的哲學解說天主教，這個辦法很管用，至他去世時，已有二百多名信徒，其中不少是官員或知名士人。可惜，他的種種多不為他的同伴（及以後的傳教士）所體諒和接納。

400 多年過去了，西方社會會否出現另一個利瑪竇，會否有另一個有大智慧的人為天主教、為東西方搭建一道完美的橋樑，讓全人類走向共融和大同呢？

利瑪竇文化交流的
「朝徹見獨」

利瑪竇強調一切皆由「心」與「願」開始……在天主教歷史上,利瑪竇可說是開創中西「文化融通」和「宗教交談」的第一人。

～周景勳

香港聖神修院神哲學院哲學部教授

利瑪竇在中國的肇慶時對官府解釋來中國的原因:「我們是從遙遠的西方而來的教士,因為仰慕中國,希望可以留下,至死在這裏侍奉天主。」於是他便獲准在肇慶修建一座名為「僊花寺」——中國第一座的天主堂,這期間他穿著僧袍以便融入社會。

利瑪竇的睿智和細微的觀察力正是他自我突破的動力,在中國時當看到與自己不同的地方便設法學習。因此,他對中華民族的文化、信仰和生活等習慣等都用心認識。他了解到民間私塾(村塾或族塾)所學習的內容是從「三百千千」,即《三字經》、《百家姓》、《千字文》、《千家姓》開始,進而學習「禮樂射御書數」。考功名者更要以《四書》為首,配以「五經」。從此,利瑪竇便改變自己的生活方式並改穿儒服,研究儒學的文化道統。

利瑪竇以心來觀察中華文化的心,為自己的心窗迎來了破曉的晨光,頃刻間穿過了無盡黑暗。這便是他在思維上的「朝徹」,從此「獨與天地精神往來」的體驗,這便是利瑪竇的「見獨」。他努力用心與中國文化交流,並將西方的信仰文化融入中國。

他提倡以中國尊天祭祖敬孔傳統文化配合教會的禮儀和靈修，使中國文化和基督信仰融合一體，所謂：「父母在，事之以禮；父母不在，祭之以禮。」再以西方的文化及人際交往配合中國的人倫道德及朋友之道，提出了他的《交友論》。

「吾友非他，即我之半，乃第二我也。故當視友如己焉。」又「友之與我，雖有二身，二身之內，其心一而矣！」（《交友論》），更以《天主實義》教導中國人認識基督信仰以及尊師重道的美好傳統，將「以德配天」的精神融合在「天人合一」內、將「歸根曰靜」的內涵放在終極關懷的靈修之中、將科技的日新月異配合造物主的靈巧……利瑪竇強調一切皆由「心」與「願」開始，必須以心體心、以心觀心、求同存異、以和為貴。在天主教歷史上，利瑪竇可說是開創中西「文化融通」和「宗教交談」的第一人。

△利瑪竇在肇慶着手研究用漢文譯天主教理經文，後譯了《天主十誡》送給來仙花寺參拜的信眾。（圖片來源：肇慶利瑪竇博物館）

利瑪竇的
奇妙旅程

為甚麼直至今日，利瑪竇仍被中國人民惦記於心？答案是他對真理的追求，且滿懷熱忱地要為中國人做一些事，尤其是弱勢群體。利瑪竇在中國的旅程中，不斷認真學習中國哲學，並力促他的同伴們也這麼做。

~羅世範

澳門利氏學社社長
北京羅世力國際管理諮詢有限公司總裁

本文主要探討利瑪竇的靈修世界：他是一位穿越時空、游弋於各種文化、行走於俗世和天國之間的「旅行者」。這位聖者對人生哲學、靈修和自然科學的研習與精通，使其人性和智性之旅程得以昇華和延續。他向我們示範了面對人生旅程的萬千可能性，他提醒我們要格物致知，不可墨守成規。我們旅程的終點不是古老的聖城耶路撒冷，而是步入永恆前安詳的回眸一笑。

利瑪竇的
「旅行」和「旅程」

毫無疑問，他的神修世界是多采且豐富的。且讓我們從他的「足跡」來認識他的人生。

利瑪竇是耶穌會的成員之一。耶穌會成立於 1540 年，以推崇「神操」（Spiritual Excercises）和朝聖之旅（Pilgrimage）而名聞於世。其創始人聖依納爵·羅耀拉(St. Ignatius of Loyola) 在耶穌會的會規中寫道：「我們的使命之一就是要走到世界各地去」。在那個時代，這種白紙黑字的修會規則是令人驚訝的，因為在 16 世紀，宗教團體（修會團體）給人的印象只是教友們「在某一個固定的地方一起靜修祈禱，並不會四出到其他地方去」，比如修士和修女們終其一生都在修道院中生活、禱告一樣。但耶穌會反其道而行。因而遭到傳統基督徒團體的強烈抨擊。

「新世界」的門檻

利瑪竇 1552 年出生於意大利瑪切拉塔，他的奇妙人生旅程亦從此開展。他成為耶穌會會士後，選擇了「朝聖之旅」到遠方傳教。他途徑羅馬、里斯本，越過大西洋來到印度果阿，並於 1582 年抵達澳門再經過肇慶、南京、南昌，最終到達中國的首都北京，並在那裏生活直到終老。利瑪竇的旅程反映了 14 至 17 世紀文藝復興時期科學和藝術的大規模傳播，彼時人們也愈來愈關注「人」的本身以及與「人」相關的各種現象。這些新的關注點反映在耶穌會一本祈禱用的小冊子中。會士們開始通過退省，追求一種叫做「冷淡主義」（Indifferentism）或「看破紅塵」的理念。「冷淡主義」的含義並不等於「漠不關心」，而是代表着人性的解放，即是走出傳統對長壽、權力和金錢的追逐。轉向追求一種恬淡寧靜、全心全意讚美上主的境界。從此，

貧富、壽夭、社會地位等等的追求和憂慮，都自然化為雲煙了。於是，跨越文明與文化的旅行代表着新的體驗和發現，使得那個時代的旅行者擁有比先前任何時期都深刻的知識視野，甚至比更前的馬可波羅有過之而無不及。「朝聖之旅」意味着對別國的知識、文化等保持着開放和友善的態度。

何以利瑪竇至今仍然被中國人銘記心中呢？當我們更近距離地走入利瑪竇的精神世界時，我們就會感受到不同程度的震撼。

接受全人
的訓練

成為耶穌會會士，利瑪竇接受了嚴格而全面的訓練：包括學習哲學、語言和神學；各類應用科學，諸如數學、地理學、天文學；此外還有其他科學技能，如記憶術、修辭學、印刷術並同時必須參加社會實踐項目，如幫助醫院中的病人、照顧窮苦大眾等。對於希望加入耶穌會的人士來說，這種生活無疑極具挑戰性，因為他們不僅要接受智力訓練，還要重視應用能力。這種全人的訓練的目的在於使人頭腦靈活、心靈時刻警醒。它將科學知識、實踐經驗及祈禱靈修一併集中，無非要令會士們對人生對人性更加了解。

神操——
Spiritual Exercises

耶穌會會士必需參與神操功課。目的是讓他們作深度的反思，看看自己是否能夠繼續履行神職人員的聖召和修會的使命。一生最少兩次，每次為期一個月。期間，會士們會抽出一段時間進行默觀和默想。走進自己的內心世界，並弄清楚自己的旅程的下一站在哪裏，同時加強自信心和對人的信任。神操的其中一項功課是透過默觀，感受到世界是一個多元化的整體，不同種族膚色的人們都是一個整體。這種世界大同的態度，這種跟「朝聖之旅」緊密相關的熱忱，正是利瑪竇精神的深刻體現。利瑪竇在默觀中的世界超越了他自身的文化界限，認識並尊重各種文化的存在意義。毫無疑問，神操的目的是讓思維活動與內心情緒拼發時所產生的平衡與和諧。這樣，當面對人生的重要抉擇時，答案便會自然而然地出現了。

為甚麼直至今日，利瑪竇仍被中國人民惦記於心？答案是他對真理的追求，且滿懷熱忱地要為中國人做一些事，尤其是弱勢群體。利瑪竇在中國的生活中，不斷認真地學習中國的哲學與文化，並力促他的同伴們也這麼做，因為唯其如此，他們才能深入了解中國並能真正地融入中國社會。

// 羅世範同時也是一名鋼琴家（相片來源：M.Lee）

在靈修生活中
遵守修會會規

在修會團體的發展過程中，由於成員對建立者的精神和初衷有不同的解讀，因而往往導致團體的內部分化。因此，大部分團體都會經歷過令人痛苦的分裂過程，這是令人難過的事。然而，利瑪竇所處的耶穌會卻始終保持了其統一性。耶穌會擁有自己的章程，並明確地指出團體的結構，這一結構既穩定又極具彈性，且保證各個成員都能求同存異。「章程」創始者羅耀拉本人就是一位佼佼者。他經常獨自遠行，目的便是要從最傑出的學者那裏學習各種智慧，如哲學、神學等，他的旅程終結於巴黎。他把學習到的智慧和知識放進耶穌會的會規內，讓會士們可以根據不斷變化的世界來調整自己的信念、觀點及固有的認知。不僅拋棄了傳統的修士服飾和頌唱禱文的形式，還讓會士們時刻關注隨時可能出現的變化和需求。耶穌會的信念是：一旦有某地方更需要自己，即可隨時離開目前的崗位而前往該地。

熱羅尼莫・那達爾（Jeronimo Nadal, 1507-1580）對這種「團體」精神含義有這樣的評論：他認為這些規則的主要特點就是隨時準備動身出發，去開展那些別人所不能從事的新工作。一個決定性的判斷標準便是：去那些「可以期待獲得更多成果」的地方，去那些可以接觸更多外教人的地方。從「得到更多成果」這一角度來看，我們便能理解為甚麼當時的中國對他們具有如此重要的意義和吸引力：中國的文明是整個亞洲文化的淵源和基礎。在中國，耶穌會會士們可以接觸到龐大的人群，並按照會祖的理念，尊重當地的文化，為自己的行為方式做出適當的調整以適應當地的風俗習慣。

抵達之謎

「抵達之謎」（*The Enigma of Arrival*）是一個十分有趣的書名。印度作家 V.S. Naipaul 就以此為題，在這本關於變化中的英格蘭的著作裏討論了這個問題。在書中他認為，二次大戰後，倫敦應當是第一個真正的世界城市，匯聚來自世界各地的種族與文化。然而，生活於幾個世紀前的利瑪竇早已洞悉先機，實現了相似的願景。不同之處只在於，並不是城市全球化，而是利瑪竇本人成為世界公民，穿梭遊歷於世界各地，這也是聖依納爵·羅耀拉畢生所追求的願景。

羅耀拉的「朝聖之旅」從自己的故鄉西班牙 Loyola 出發，足跡遍及當時最具活力和智慧的城市，如薩拉曼卡（Salamanca）、巴黎、羅馬等。他恪守着會規中列明的貧窮、貞潔和服從的誓約，於 1534 年在巴黎成立了第一個耶穌會團體，這團體最主要的使命之一是前往耶路撒冷朝聖。羅耀拉和他的同伴們都認為，不僅要去耶路撒冷朝聖，也應當前往世界各地其他地方朝聖。於是，當他們因為無法找到前往耶路撒冷的船而滯留於威尼斯的時候，他們決定留在歐洲，幫助那些窮困的、需要幫助的人們，並為當地的教育作出貢獻。利瑪竇的旅程在某個程度上就是對羅耀拉「朝聖之旅」的追隨。

// 位於北京市委黨校內的靜思亭（M.Lee 攝）

在羅馬學院學習的過程中，利瑪竇不僅結識了許多睿智的哲學、神學教授，更得到了傑出的科學家們的指導，研習了數學、天文學、地理學以及其他各類科學，體驗着同耶穌會創始人相似的經歷。當時的羅馬還充滿着對法律和經濟學的研究和濃郁的興趣。Luis Molina 便是當時著名的神學家，一些現代經濟學家們重新發掘了他思想中的正義價值和倫理準則，以期使市場能夠有更好、更公平的運作。

1552 年，當利瑪竇降臨人間的同時，另一位偉大的朝聖者，聖依納爵‧羅耀拉的好友，方濟各‧沙忽略（Francis Xavier）則在廣東上川島病逝了，身邊陪伴的只有他的中國友人。回想當年，方濟各完成了學業之後，便開始了在印度、印尼、日本、密克羅尼西亞（Micronesia）等地的「朝聖之旅」。在日本傳教時，他發現，他所深深仰慕的亞洲文化之鄉原來就在當時的中國。

由利瑪竇完成了這位前輩的未了心願，1601 年，他終於到達北京，並在那裏生活了 10 年（1601-1610 年）。

旅行的終點

這是個我不能不涉及的話題，不然會對不起我這位同門師兄利瑪竇。對於任何人來說，無論他是無神論者、懷疑論者還是宗教人士，這都是一個終極挑戰，肯定會造成內心的不安。那就是人生旅程的終點——死亡。人死真的如燈滅？

向非基督教人士解釋死亡以及死亡的真正意義（即「復活」），是一件極其困難的事。而利瑪竇正是前往及生活於一個對「耶穌受難」和「復活」完全沒有概念的地方。

在亞洲，對「復活」的理解表現為一種對祖先的深切懷念，不論是在春節、清明、重陽節等，他們堅信，先人雖已離世，但始終與生者保持着密切的、觸手可及的關係，仍舊「活在」我們周圍。可惜諷刺的是，對祖先的尊敬和懷念竟成為了東西方文化的主要分歧點之一。

「耶穌會的神操」讓每一位參與者將「死亡」融入自己的生活內，在默觀中深刻地去感悟「死亡」和「生命」的意義。這正正解釋了利瑪竇在生命的最後時刻仍能保持輕鬆愉快的心情的原因。當知道自己即將離開人世之際，他還輕鬆地對自己的同門兄弟說：「我為你們留下了一扇通往中國之門」，然而，「在打開這扇門的同時，也必將會面對各種接踵而來的困難……」1610 年 5 月 11 日晚，利瑪竇的同伴發現他陷入了深深的平靜當中，正等待着進入生命的另一個「朝聖之旅」。

在生活中
體現
利瑪竇精神

余理謙神父（Rev. James Hurley, SJ . 1926 - 2020）
一個不一樣的耶穌會傳教士──
一個為年輕人、
為社會爭取正義的推手

余神父多次為了支持學生爭取民主和公義，為了教會，為了貧苦農工，受到很多人的攻擊，常常令他有孤軍作戰的沮喪⋯⋯「但這種使命感，令我一天比一天更接近天主。」

～鍾炳基

《福傳萬家──六位香港神父的故事》作者

2016 年 10 月，一個大清早，我和太太開車到都柏林（Dublin）耶穌會會院接過余神父後，就直向高速公路駛去。途中，余神父特意請我們駛進一個小鎮去吃午餐。原來餐廳是由一位修女經營的，員工都是智障青年。自從 2014 年退休離開香港返回都柏林後，余神父每次返家鄉愛迪磨（Ardmore）探親，都會走進這間餐廳，給他們精神和經濟上的支持，從歡聲笑語中，可以推想他們和余神父之間的關係。

愛迪磨位於愛爾蘭東南端，是一處緊貼着大西洋的古老漁村，千百年來，村民一直堅守着他們的傳統和信仰。余神父在這裏出生成長，童年往事，記憶猶新，所不同的是隨着父母親友的一一離世，自己也漸漸成為一個陌生的訪客了。

// 筆者（左）與余神父合攝於九龍華仁書院神父宿舍飯堂
（相片來源：鍾炳基）

汽車駛進漁村，繞上曲折的山坡，經過一幢三層高的公寓大樓，余神父要我把車停下。他說：「這家旅館和對面一套花園洋房，本來都是我們家族的。爸爸死後，由媽媽接管，直到她去世為止。」原來余神父有四個兄弟姊妹，他最小，但由於哥哥一早當了神父，爸爸把所有生意物業都寄望在他身上，所以當他要提出入修院時，父親沉默了好幾天。

 ## 被耶穌會派遣到香港實習及服務

1952 年，耶穌會總會長派遣了一批修士到香港實習，余神父首次離鄉別井，在海上熬了酷熱的 30 多天，非常難受。到了香港，正想歇息一會，卻收到父親去世的消息。余神父當下明白了傳教士要徹底犧牲的意義。

在香港實習兩年之後，他返回愛爾蘭繼續學業。1960 年升為神父之後，余神父選擇重回香港服務。他的第一份優差，就是到九龍華仁書院教英文。他覺得中文在香港沒有合法地

位，人人要學英文，非常不公平，所以他很快向會長辭職，申請到珠海書院教英國文學。他在珠海書院任教 10 年，出任英文系系主任。這種敢作敢為的正義行動，成為余神父日後在香港傳教的標誌，但余神父也因此受了許多沉重的打擊。

支持學生
爭取民主和公義

1969 年一群珠海書院學生在報刊上發表了一篇文章，提議並批評學校多方面需要改善的地方。校方懷疑有左派學生滲入滋事，就迅速開除了這 12 名學生，包括了日後的學運領袖吳仲賢。有人立即去找余神父商量，尋求一個合理的解決方法。

余神父本想約見校長，但都沒有成功，他惟有寫了一封公開信，發給全港報章，聲言會支持學生，爭取言論自由的權利。這種前衞的做法，不但引起輿論譁然，也受到教區的關注。當天余神父就接到主教府一個電話，要他晚上去交代一下，當時的香港主教是徐誠斌，余神父心想，自己很快就會被逐出教區，然後「返鄉下耕田」了。

原來要面對的，除了主教，還有四五位教區內的高層人士，在一連串審問之後，年輕的余神父感到極端失望和沮喪，在街上徘徊了很久很久。翌日，他的會長龔樂年神父（Fr. Fergus Cronin S.J）給他電話說徐主教表示欣賞及支持。而龔神父也鼓勵他為正義、和平奮鬥。

1971 年 4 月，復活節前一天，有一班學生為了保衞釣魚台，到日本領事館抗議，警方出動了防暴隊，拘留了 20 多名學生，引起香港社會極大的迴響。當時沒有被拉的學生，馬上去找余神父求救。

// 余神父在香港的工廠工作體驗生活（相片來源：《一九二六年至二零一六年在香港的耶穌會會士影像回憶》）

// 余神父為社會公義上街遊行（相片來源：《一九二六年至二零一六年在香港的耶穌會會士影像回憶》）

// 余神父（左）和 Fr. P Brady SJ（教育家）兩個好朋友生前合照於九龍華仁書院。（相片來源：《一九二六年至二零一六年在香港的耶穌會會士影像回憶》）

接着的星期一早上，余神父準備到餐廳喝杯咖啡，門口突然衝來了兩位神父，一邊辱罵一邊質問他，為甚麼不守好神父的本份，要整天出去做英雄？其中一位後來做了會長。一刹那間，余神父既惶恐又慌張，狼狽地返回房間去，且不停的問自己，為了幫助弱勢的人而被自己的兄弟神父攻擊，這事有可能嗎？

無視被攻擊及排斥，堅持幫助弱勢社群

1972 年 8 月余神父突然收到新會長的通知，派他去菲律賓休假學習一年。1970 年神父曾經出席馬尼拉亞洲主教會議，所以，他很珍惜這次機會。這一段日子裏，余神父真正體驗到亞洲地區的工人和學生強大的力量，為了爭取公平、公正，將要付出巨大的代價。

余神父在菲律賓的時候，深深觀察到在參與社會正義行動上，香港和亞洲學生之間仍然有很大的差距，他期待回到香港後，可以在這方面下點工夫，但是會長卻否決了他出任亞洲總神師的職位。

// 上世紀 70 年代香港的學運骨幹、天主教大專聯會幹事現旅居溫哥華的黃家鵬（港大）和太太李偉端（中大）於 2017 年前往愛爾蘭探望余神父。（相片來源：黃家鵬）

//1968 年 8 月 11 日，龔樂年神父（左）與訪港愛爾蘭總理傑克林奇。（相片來源：《一九二六年至二零一六年在香港的耶穌會會士影像回憶》）

余神父多次為了支持學生爭取民主和公義，為了教會，為了貧苦農工，受到很多人的攻擊，常令他有孤軍作戰的沮喪：

「我覺得自己越來越像先知，因為先知是最不受歡迎的人物。他們常常被人排斥，先知的敢說敢言和標奇立異的行動，在世人眼中絕對不被容忍，但這種使命感，令我一天比一天更接近天主。」

龔樂年神父是一位充滿仁愛、智慧與眼光的耶穌會會士，是余神父口中的患難知己，曾是會長也是香港大學教授和香港房協委員，並獲香港政府頒授 JP 及 OBE 勳銜。1990 年在港息勞歸主，享年 81 歲。令人難忘的是他那永遠掛在嘴邊的慈藹笑容。

耶穌會——
我的恩師

耶穌會的精神和使命就是除了傳教之外，還關心當地的社會民生、幫助弱勢社群、辦學培育青年。

~ 黃維義

香港中華煤氣有限公司執行董事兼營運總裁

今年為意大利耶穌會利瑪竇神父逝世 410 年的紀念。翻查有關利瑪竇的生平，使我對這位偉人更加敬佩。他早在 400 多年前從意大利到中國來傳教，並努力鑽研中文和中國文化，在中西文化交流方面作出了極大的貢獻，對後世影響深遠。自利瑪竇之後，不斷有耶穌會會士從歐洲各地到中國及東南亞國家來，耶穌會會士們也成為西方了解中國及亞洲的重要橋樑。

我在九龍華仁書院接受教育，從中一到中七的成長過程中備受耶穌會精神的潛移默化。我當年的校長 Fr. Derek Reid（黎烈德神父）就特別關心我們的品德和責任感。耶穌會的精神和使命就是除了傳教之外，還關心當地的社會民生、幫助弱勢社群、辦學培育青年。學生們在中西文化及濃厚的宗教教育薰陶下，都成了一群互相尊重、思維開放且具有社會良心、明辨是非的社會棟樑。當時年輕的我，尚未曉得這種籽原來已深植我心中，直至投身社會之後，接觸了不同環境及社交圈子，才深深體會到這種耶穌會的仁愛和文化對我的影響和幫助有多大。

我唸書時看見學校裏來自海外的耶穌會會士，都努力學習本地文化和語言，故能用流利的廣東話來傳教和溝通，不僅方便工作同時也贏得民眾的信任。另一方面他們亦很有藝術天份和創意，例如 Fr. Terence Sheridan

// 左上圖：Fr. Terence Sheridan；右上圖： Fr. Derek Reid（中）、Fr. Michael Mchoughlim 及 Fr. James Kelly（右）；下圖：華仁書院的英語粵劇表演（相片來源：《一九二六年至二零一六年在香港的耶穌會會士影像回憶》）

　　（譚壽文神父）在 1947 年創立了英語粵劇並傳頌一時，後來黃展華老師（我的物理及化學老師）努力推廣粵劇這獨特的廣東文化，而亦因為用英語唱出粵劇，故吸引了大批中外觀眾。耶穌會的教育使命是有教無類，也資助貧困學生使他們可以繼續學習不致失學。在課程安排方面也有所兼顧，除了中、英、數、化、生、物以外，中六及中七學生還要學習中國歷史、社會倫理、音樂等科目，使他們能廣泛地接觸多方面的生活知識，不會只着重考試的學科，達到全人發展的偉大教育目標。

與利瑪竇及
耶穌會相遇

利氏為16世紀意大利耶穌會來華的一名傳教士，其人博學多才，天文地理、數學科技，無所不通。他引進的西方知識，使當時中國的學者、官賈大開眼界並深表拜服。

~李國維

血液及血液腫瘤科專科醫生

對利瑪竇及
耶穌會的好奇

透過閱讀，得知利氏為16世紀意大利耶穌會來華的一名傳教士，其人博學多才，天文地理、數學科技，無所不通，他引進的西方知識，使當時中國的學者、官賈大開眼界，並深表拜服。同時，他好學不倦，習漢語、通經典、穿儒服，打入當時士大夫圈子，交流切磋，藉此傳揚天主教教義，用心良苦。再者，他修建教堂，翻譯經文，撰寫教理問答，派發教義書籍。其後輾轉北上，並於1601年入京弘教。可見其心之堅、志之篤，如泰山不動。

// 蒙塞拉特修道院（相片來源：Bearfotos / Freepik）

 # 到訪與耶穌會事蹟
相關的遺址

至此，我對耶穌會之興趣有增無減。其會祖聖依納爵·羅耀拉（St. Ignatius of Loyola），本為西班牙貴族、軍人，生活放浪，後因戰爭負傷，失意無聊，某日，到蒙塞拉特（Montserrat）教堂，跪在聖母像前徹夜祈禱。最後他找到了人生答案，於是把配劍留下，出家修道去，可謂放下屠刀立地成「聖」。

蒙塞拉特位於西班牙巴塞隆拿西北約 48 公里，可乘鐵路到達再轉登山鐵道或纜車。山上建有本篤會修道院。山勢奇特，中間如鋸齒，拔地而起，周圍則為平原。故可於山上極目四望，盡覽美景，真有「山不在高，有仙則名」的意趣。

// 北京古觀象台、赤道經緯儀，天文學家耶穌會會士南懷仁 （Ferdinand Verbiest）於順治年間的傑作。（相片來源：《青石存史》）

修道院莊嚴整潔，其中大殿，存有著名的「黑色聖母」像，大批信徒更是魚貫輪候，以一瞻容顏誠心禱告。殿外廣場一則，可見數尊白色塑像。其中特別吸引我者為聖若翰洗者·喇沙，造型與我就讀聖若瑟中學時校內的塑像一模一樣，頓生無數美好回憶。其他塑像還有聖依納爵，亦有慈幼會會祖聖若望·鮑思高等等。

多年來，出門公幹或旅遊，時而順道，時而湊巧，無心插柳，卻一再遇上有關耶穌會的事蹟。曾到肇慶七星巖觀景，也嘗一訪西江邊上偞（仙）花寺之遺址。此為利公修建的中國第一座天主堂。我曾多次到北京公幹抽空參觀了古觀象台及圓明園，皆為耶穌會會士的輝煌成就。這些會士包括了湯若望、南懷仁和郎世寧等。

又嘗到長崎交流，無意中發現有「日本二十六聖人紀念館」，此為紀念 16 世紀末，由豐臣秀吉下令驅逐天主教而發生的日本教難事件。其中殉道者不少為耶穌會會士；而近期由著名導演馬田史高西斯（Martin Scorsese）拍攝的電影《沉默》（Silence），即描述此教難時期，教友與傳教士的慘烈犧牲。此次教難後，一部分聖髑（殉道者的殘骸）已被運送至澳門大三巴牌坊後面之「天主教藝術博物館與墓室」安放，此處本就是聖保祿學院及教堂，是耶穌會 400 多年前駐遠東的重要培育及傳教基地。

由於感念耶穌會對中國發展的貢獻，湊巧小兒於 1991 年出生時，適逢耶穌會會祖依納爵逝世 500 周年，故小兒之聖名取名為依納爵，望其效法先賢，誠心侍主，愈顯主榮。

說來奇怪！介紹我和李韡玲認識的徐錫漢醫生的聖名就是瑪竇。是偶然？是天意？

利瑪竇與
數百年後聖母軍的相交

聖母軍於 1921 年起源於愛爾蘭都柏林，到 1949
年在香港大學利瑪竇宿舍成立支團……是早期香港
大學的主要信仰團體，一直由耶穌會神父擔任神
師。

～徐錫漢、林慧怡

香港大學利瑪竇宿舍聖母軍支團
Our Lady of the Wayside Praesidium 團員

當我向我們的神師湯湧神父（Rev. John Tang, SJ）提及獲邀
寫一篇有關連繫利瑪竇和聖母軍的文章時，湯神父提議考慮
用利瑪竇送給肇慶知府王泮的禮物中之聖母畫像作切入點。
的確，自聖母軍於 1921 年起源於愛爾蘭都柏林，到 1949 年
在香港大學利瑪竇宿舍成立支團，皆如那次送禮般自然，
又情意深遠，希望以祈禱和積極的共同工作，彰顯天主的光
榮。聖母軍是早期香港大學的主要信仰團體，一直由耶穌會
神父擔任神師。Our Lady of the Wayside Praesidium 更是
香港最早成立的聖母軍支團之一。

有人認為聖母軍有規定的開會程序，又有指定工作派遣，與
利瑪竇靈活變通的傳教方向截然不同。但聽團員們的工作分
享，便知我們從不放棄任何可行的福傳方法，及任何可以接
觸人靈的機會，心態又與利瑪竇一樣以愛德和友誼為重。我
們每週的工作，使我們與服務對象建立親密關係，成為可以
同喜同悲的朋友。無論是慕道者、長者、青少年、囚友、病
患者及其家人，「對一切人，我就成為一切。」（格前 9:22）

此外，利瑪竇來華期間善用他的語文能力及科技、數學等知識，而我們的團員中有醫生、教師、社工⋯⋯在福傳時不乏應用專業技能的機會，例如運動、美藝、音樂等方面的分享。

轉變和挑戰是一定存在的，福傳工作的效果也非盡如人意。正如利瑪竇 400 多年前把天主教信仰帶入中國，經歷這麼多年的變故，在神州大地的福傳之路仍然長路漫漫，但利瑪竇的故事繼續激勵人心，承傳智慧。面對未來，我們相信天主自有其計劃，「我們在聖母軍的誓言中，希望我們能夠成為天主得心應手的工具」（聖母軍手冊第 33 章）「堅持到底，決不灰心，如同磐石，在危亂中屹立不動，持久至終。」（聖母軍手冊第 4 章）

// 香港大學利瑪竇宿舍聖母軍支團。前排左六為團員徐錫漢醫生。（相片來源：徐錫漢）

肇慶：
利瑪竇
在中國的
第一站

中國第一座天主堂
「仙花寺」的傳奇

羅明堅離開肇慶，返回歐洲。1589 年 8 月 15 日
兩廣總督劉繼文最終將利瑪竇驅逐出肇慶，將意大
利天主教耶穌會士的教堂（仙花寺）改作道觀（仙
花觀），用於祭祀八仙之呂洞賓……

～劉曉生

學者

利瑪竇被驅逐出肇慶之後，兩廣總督劉繼文將仙花寺改作何種用
途？關於此問題，內地學者曾有「生祠說」，國內外學者亦有不同
版本的「寺廟說」，但語焉不詳，莫衷一是。本文結合相關文獻及
碑刻資料，在當今學者研究的基礎上提出「寺改觀」新說，即總督
劉繼文將仙花寺改作祭祀仙人呂洞賓之道觀——仙花觀。

明萬曆年間，意大利耶穌會會士羅明堅、利瑪竇在當時肇慶知府王
泮的支持下，於肇慶府城東石頂崗崇禧塔院內建造了中國內地第一
座天主教堂（兼寓所）——仙花寺。然而，目前國內外學者對仙花
寺的不少關鍵問題仍未取得一致的看法，譬如仙花寺位於崇禧塔西
側抑或東側、仙花寺寺名的涵義、仙花寺如今還在否，以及利瑪竇
離開肇慶後仙花寺被改作何用途等等。

萬曆十六年（1588 年）7 月，廣西巡撫劉繼文被朝廷任命為兩廣
總督。在劉總督蒞肇之前，肇慶鄉紳譚論就向他反映仙花寺所處

的崇禧塔院是建生祠的風水寶地 [1]。同年 11 月 25 日，羅明堅離開肇慶，返回歐洲 [2]。利瑪竇留守肇慶仙花寺，繼續傳教。次年（1589 年），劉繼文才正式到肇慶兩廣總督署任職，並於當年 8 月 15 日將利瑪竇最終驅逐出肇慶。在肇期間，劉總督曾試圖以少量金錢向利瑪竇購買仙花寺，但利瑪竇屢次拒絕這一不平等交易。利瑪竇在前往韶關南華寺之際，曾於轉達劉總督的檔上附言「請求他（筆者注：劉繼文）不要允許把教堂（筆者注：仙花寺）作為瀆神和無聊之用，因為它曾用於宗教禮拜」[3]。

// 聖堂建成後利公命名為「聖童貞院」，但入伙當日王泮命衙差送來親筆題辭兩幅匾額，一為「僊花寺」，一為「西來淨土」。利公從善如流，把「仙花寺」匾掛在聖堂大門上。「西來淨土」則掛在聖堂內。（圖片來源：肇慶學院博物館）

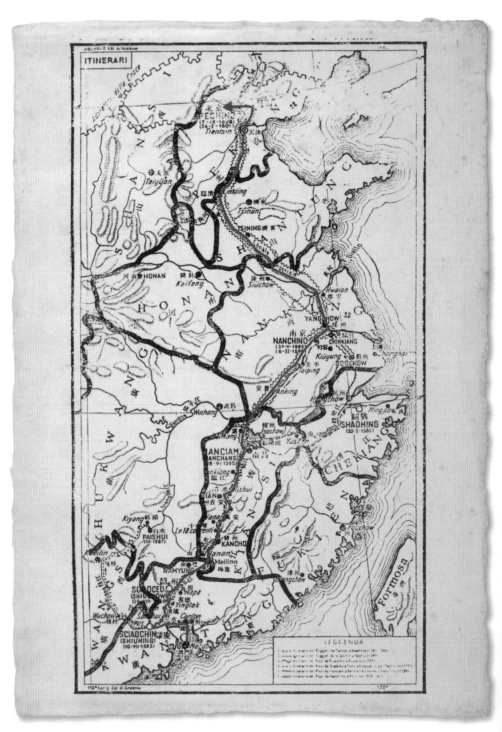

// 利瑪竇北上路線圖（圖片來源：《青石存史》）

那麼，自利瑪竇赴南華寺，至萬曆十九年（1591 年）初劉繼文升遷離肇的一兩年時間之內，仙花寺究竟被劉總督徵用為何種用途？之後又有何改變？本文從新的角度再次否定肇慶本地學者曾提出的「生祠説」[4]，同時質疑「寺廟説」，在此基礎上提出「寺改觀」這一新的觀點，即明萬曆兩廣總督劉繼文將意大利天主教耶穌會會士的教堂（仙花寺）改作道觀（仙花觀），用於祭祀八仙之呂洞賓。

「生祠説」

針對仙花寺被改建為劉繼文生祠這一「生祠説」，旅意學者宋黎明先生在〈僊花寺與劉公生祠在同一地點嗎？──耶穌會在華第一座天主堂考〉一文中探討、論證並否定了這一説法。筆者擬從不同角度作分析予以進一步確證。

首先，從生祠的主持建造者來看，劉公祠並非總督劉繼文本人在肇慶期間所主持興建的。其實，從此前肇慶知府（後升嶺西道仍駐肇）王泮開始，利瑪竇就有一個錯覺，即崇禧塔院內的王公祠是王泮本人擔任肇慶知府不久之後就開始謀劃建造的，但從現存碑刻「觀察山陰王公生祠記」的立石題名來看，王公祠的主持建造者實非王泮本人。同樣，從現存碑刻《兩粵督撫司馬中丞劉公祠記》的立石題名來看，劉公祠的建造者亦非總督劉繼文本人。這與利瑪竇的自述明顯不同，因為他一直認為劉公祠就是劉繼文主持修建的。

其次，從生祠的建造時間來看，劉公祠確是新建的。王泮生祠碑記載，王公祠「經始於戊子年正月，落成於是年十月」，前後興建時間約九個月。而總督劉公祠碑記僅顯示劉公祠落成時間「萬曆十九年歲次辛卯仲冬（十一月）吉旦」，祠始建時間未明載。該碑記載「公（劉繼文）今內召行矣。……不忍公一日釋去，爰相率建生祠祝焉」，可見劉公祠始建時間與劉繼文離肇時間十分接近。又，萬曆十九年（1591 年），清明節劉繼文於肇慶七星岩撰《迎仙平寇碑》並立石碑、三月升南京戶部右侍郎[5]、閏三月十五日升遷赴南京途經韶關南華寺時又撰《重修南華寺碑記》[6]、四月升南京戶部左侍郎改兵部右侍郎[7]，據此可推斷劉繼文離肇時間約在萬曆十九年閏三月上旬。故劉公祠從萬曆十九年閏三月上旬興工，至十一月落成，建造時間約九個月，這與同時期興建的王公祠是相一致的。這也可以說明劉公祠是新建的，而非改修其他建築（如仙花寺）而成的。

最後，退一步講，即使劉繼文真的想要一塊風水寶地作為自己生祠之用，對總督而言，當時還有比仙花寺更好的選擇，即肇慶七星岩三仙觀用地。劉繼文在《三仙觀碑記》一文中有此描述：「嶺表之勝，惟端之七星岩稱最。……一山（筆者注：玉屏岩）迴出，圍繞群峰，背負崇岡，面臨活水，棲雲、流霞崛其左，泛斗、鄰天拱其右，尤為奇勝，而自昔未有建置。至是，郡民構泰山行宮於其址，斗折而上，基稍坦平，將複有所建，請命於餘，因令創三仙觀。……俯瞰虹流，仰摘星漢，危岑絕巘之間恍若開一天真洞府，而三仙視之若故居矣。」三仙觀既「背負崇岡，面臨活水」，又「俯瞰虹流，仰摘星漢」。劉繼文面對這樣一處唾手可得且不可多得的風水寶地（「天真洞府」），尚且不考慮將其作為自己未來（離肇後）生祠的用地；試想，作

// 肇慶七星岩（相片來源：劉曉生）

為一名地位顯赫的封疆大吏，他還會企圖霸佔「西竺僧」利瑪竇仍在居住的、一棟兩層的非傳統中國廟宇建築格局的仙花寺並將其改為自己的生祠嗎？答案應該是否定的。而利瑪竇在晚年回憶錄中把劉繼文驅逐他離開肇慶的直接動機歸結為劉總督想霸佔仙花寺作為自己的生祠之用，這可以說是一個極大的偏見。

因此，劉公祠既非總督劉繼文本人所主持建造，也不是劉總督在肇期間建成的，它是總督劉繼文升遷離肇後由廣東地方官員新建的生祠。關於仙花寺曾被總督劉繼文改為劉公祠的說法，只是利瑪竇個人一廂情願的猜測，「生祠說」並不能成立。

「寺廟説」

萬曆二十年（1592 年）底，利瑪竇曾重返肇慶並停留一個月 [8]。關於當時仙花寺發生變化的情形，利瑪竇本人在晚年的回憶錄中有所描述。2013 年，宋黎明先生在〈僊花寺與劉公生祠在同一地點嗎？──耶穌會在華第一座天主堂考〉一文中比對意大利原文，發現此前中國大陸和台灣學者相關的中譯文不盡相同，尤其是在某些字眼上。

「他（筆者注：劉繼文）在他奪走教團的房屋裏面收藏了魔鬼的像，立一塊石碑，説明房屋的來源以及他使用它的目的。離這所房屋不遠，他建立了一座廟，其中他按照習俗安置了自己的塑像。（大陸譯文）」[9]

「劉節齋（筆者注：即劉繼文）蒐集了很多木偶，把它們放置在從神父們手中搶來的房子裏，並用大理石刻上字（筆者注：即『石碑』。所謂『大理石』應為肇慶土產的端石），表明該房子的原來主人及他徵用該房子的目的。離這房子不遠的地方，他蓋了一座神廟，在廟裏，依照習俗，他安置了自己的塑像。（台灣譯文）」[10]

「神父們離開後，總督（筆者注：劉繼文）讓人在我們寓所的原址上立其生祠，裏面擺放其塑像，以炫耀其豐功偉績。但由於我們的寓所與中國的式樣不同，所以另建了一所中國式房屋作為生祠，而在我們寓所的客廳安置了他所崇拜的一些菩薩，而且立一石碑，上書我們寓所的起源以及他所做的一切。（宋黎明譯文）」[11]

// 北京第一座天主堂南堂的外觀（M.Lee 攝）

// 北京南堂原來的面貌（相片來源：《ZHALAN 柵欄》）

而 2014 年出版的《耶穌會與天主教進入中國史》（利瑪竇著，文錚譯、梅歐金校）相關段落如下：

「因為他（筆者注：劉繼文）打算把我們的寓所變成他自己的生祠——正如他此後做的那樣——他害怕大家都罵他太不講道理，便謊稱神父不宜留在這裏。其實，這裏的前幾任總督都對神父們以禮相待。為此，他命同事火速派一艘日夜待命的輕便快船召回神父，把那六十兩銀子交給他們，為了能說明此事，他還命人刻了一通石碑，後來就公然立在我們寓所裏，上面寫着他已經把修建寓所的錢還給了外國神父。……神父離開肇慶後，他（筆者注：劉繼文）就命百姓把神父們的寓所改建成他的祠堂，立上他的塑像，為使人們對他感恩戴德。由於神父的寓所與中式建築有區別，他便命人搭建了一個中國式的祭台來放置他的塑像，還在大廳裏安放了許多中國的石神像，上面刻着字，以此證明這座房子本是他修建的。（文錚譯、梅歐金校）」[12]

可見，上述四個不同中譯文的關鍵字眼如「魔鬼的像」、「木偶」、「菩薩」、「石神像」的意譯，其含義頗為懸殊，體現了不同翻譯學者對相關問題的看法有所不同。筆者以為，某些造型誇張甚至「醜陋」的佛教塑像，在見慣慈祥和藹聖母像的利瑪竇眼中或許會產生「魔鬼」的視覺感，但菩薩又怎會如此呢？畢竟當時肇慶官員如王泮就曾把耶穌會供奉的聖母像當做送子觀音（菩薩）來求拜的。為便於比較分析，本文暫將此說大致歸為「寺廟說」，即劉繼文改仙花寺作為供佛之場所。

仙花寺
「石碑」問題

在上文中，四個中譯文對總督劉繼文立於仙花寺中
「石碑」一詞的意譯，其含義基本一致。由於利瑪竇
重返崇禧塔院仙花寺時，劉公祠已落成一年許，當時
《兩粵督撫司馬中丞劉公祠記》「石碑」無疑置於祠
內。但是，由於現存的劉公祠記碑文中沒有與仙花寺
相關的一點蛛絲馬跡，宋黎明先生據此判斷「利瑪竇
所說的石碑，當為劉公祠記碑」、「可見利瑪竇所謂
石碑上有關仙花寺起源的消息當為晚年記憶錯誤」[13]。

然而，筆者以為，對於曾在仙花寺（寓所）生活四年
多並在三年後重返「故居」的利瑪竇而言，若仙花
寺內的佈置有較大改動的話（譬如新立一通高大的石
碑），他肯定是印象深刻的。也就是說，利瑪竇不會
將仙花寺內的石碑與劉公祠記碑刻相混淆，記載仙花
寺起源消息以及說明劉繼文徵用仙花寺目的的「石
碑」很可能真正存在過，而且曾立於仙花寺（觀）內。

但是，堂堂總督大人是否會為該事件而親自作記立
石？據前文可知，在短短的一兩年之內（萬曆十八年
至十九年之間），總督劉繼文在肇慶至少有兩次作記
立石的行為（目前確知的有《三仙觀碑記》和《迎仙
平寇碑》）。故假設劉總督在肇慶期間曾撰文並立碑
於仙花寺（觀），這一舉動於總督顯赫身份而言看似
突兀，實則體現了劉繼文喜好作記立碑的一貫作風。

既然劉總督在仙花寺（觀）內作記立石碑是合情合理的，那麼，這通下落不明的神秘「石碑」至今是否仍有跡可尋？

首先，有必要對崇禧塔院內現存的石碑進行一番考察，其中（1）萬曆十五年所立《新建崇禧塔記》石碑，碑身略有殘損，通寬 112.5 厘米、通高 187.0 厘米、厚 11.5~15.0 厘米，碑座無存；（2）萬曆十六年所立《觀察山陰王公生祠記》石碑，碑身有殘損，通寬 113.0 厘米、通高 194.0 厘米、厚 12.5~14.0 厘米，碑座完好；（3）萬曆十九年所立《兩粵督撫司馬中丞劉公祠記》石碑，碑身保存較好，通寬 114.0 厘米、通高 182.0 厘米、厚 12.0~17.0 厘米，碑座無存。此外，崇禧塔西側尚保存有一件明代雕刻風格的石碑基座 [14]，其長 165.0 厘米、寬 31.5 厘米、

// 肇慶七星岩（相片來源：劉曉生）

// 這是從崇禧塔圍牆內望的當年廣東巡撫劉節齋生祠遺址。外面牆角仍存留的碑座。（M.Lee 攝）

高 56.0 厘米。該碑座上部有一長條形凹槽,大致分左端(長 13.0 厘米、寬 10.0 厘米、深 6.5 厘米)、中段(長 132 厘米、寬 7.5~11.0 厘米、深約 21.5 厘米))、右端(長 12.0 厘米、寬 12.0 厘米、深 6.5 厘米)三部分,左、右兩端應為加固碑身之用,而中段則是與碑身底部鑲嵌之處。據此,可推斷該石碑原碑身寬度約為 132 厘米,這與崇禧塔院內的其他三通明代石碑的碑身寬度(112.5 厘米、113.0 厘米、114.0 厘米)相差近 20.0 厘米,故可排除該碑座屬於崇禧塔記石碑或劉公祠記石碑的可能性。從尺寸大小和雕刻風格來看,該碑座的規格明顯高於嶺西道王泮生祠記的碑座,可推斷原來立此石碑的人物,其身份地位要高於嶺西道,此人很可能就是與崇禧塔院「仙花寺改生祠」謠言息息相關的總督劉繼文。

其次,萬曆十九年劉繼文撰文並立《迎仙平寇碑》石碑於七星岩,此碑現保存在七星岩仙女湖景區的石峒古廟之內。碑身下部分殘損嚴重,通寬 131.5 厘米、殘高 206.0 厘米 [15]、厚約 9.5 厘米,碑座無存。同一時期,同為總督所親自撰寫的碑記,劉繼文在仙花寺(觀)內所立石碑的規格與《迎仙平寇碑》石碑應該十分接近,即仙花寺(觀)石碑碑身的寬度也應為 131.5 厘米左右,這與前文推斷的崇禧塔院內曾存在過的碑身寬度約為 132.0 厘米的石碑,兩者情況十分脗合。

因此,利瑪竇離開肇慶之後,總督劉繼文正式接收仙花寺。根據相關文獻記載和崇禧塔明代碑座遺物,劉總督在改用仙花寺時曾立一石碑,碑文記載了記載仙花寺起源的消息以及說明他徵用仙花寺目的。那麼,究竟劉繼文將仙花寺改作何種用途,以至於要親自作記立碑呢?

「仙花觀」考

關於「仙花觀」的文獻記載，筆者所見僅兩處：

「……迨歲己醜（萬曆十七年，1589 年），群孽並興，妖僧煽於東，珠盜訌於西，而澳黨李、陳諸酋跳樑於瓊海之南，時殆岌岌乎靡寧。餘移鎮誓師，慮懷叵測，因籌計問仙。……果二浹月，而諸寇悉平。……余心德之，而圖報焉。故崇祀關張有廟、呂李有觀，搜仙姑之故址而鼎新之。獨鍾離、李仙尚虛一祀，實為缺典。郡民之請適愜餘心，……或者曰純陽已祀仙花觀矣，此而複祀，不幾瀆乎？余曰：『否否。鍾離即雲房先生，與純陽授受真訣，而李仙即世所稱『拐李』，日與純陽度世濟人，故此三仙者皆位冠仙籙，志合道同。祀鍾離，奚可無祀純陽哉？』……是役也，經始於

// 西江（胡燕青攝）

庚寅年（萬曆十八年，1590 年）仲夏朔日，落成於本年季冬望日。」（劉繼文《三仙觀碑記》）[16]

「建纛海上擁旌遊，宴喜軍中百尺樓。
酒氣已薰崧石曉，星光猶帶洞庭秋。
予吹小隊多蒼兕，拂舞清歌半白鳩。
不淺庾公今夕興，風流何似在荊州。」
（歐大任《大司馬制府劉公邀飲仙花觀，同李方伯、何轉運、陳觀察、黃大參登朗吟樓》）[17]

目前學界未見有與「仙花觀」相關的研究，本文試對其修建時間、地理位置作初步考證。

 ## 1. 仙花觀的修建時間

《明神宗實錄》載「萬曆十八年三月，以擒叛賊李茂、陳德樂等功，升兩廣總督劉繼文俸一級，仍給銀幣，文武官敘賚有差」[18]；又據《三仙觀碑記》（「諸寇悉平……純陽已祀仙花觀」），總督劉繼文平定諸寇之後為圖報仙恩而祀呂洞賓於仙花觀，說明在萬曆十八年五月始建三仙觀之前，仙花觀就已存在。那麼，仙花觀是新建，抑或改修而成？一方面，在當時短短兩個月之內新建一寺觀的可能性不大；另一方面，「崇祀關張有廟、呂李有觀，搜仙姑之故址而鼎新之」，除了祀呂洞賓，劉繼文還同時祀關羽、張飛、鐵拐李、何仙姑。因此，奉祀呂洞賓的仙花觀極有可能是改修「某寺觀」而成的，時間約在萬曆十八年三月至五月之間。

仙花觀的地理位置

既然總督劉繼文曾奉祀呂洞賓於仙花觀，那麼此道觀究竟在何處？劉繼文自撰的《三仙觀碑記》並無記載仙花觀的位置，但歐大任與大司馬制府劉公（即總督劉繼文）的飲酒詩中透露了仙花觀所處地理環境的一些資訊。

歐大任（1516 年 - 1596 年），廣東順德人，萬曆十二年告老還鄉之後，少不免徜徉於肇慶七星岩、梅庵等名勝，與總督劉繼文及當地文人士大夫多有酬唱。在劉總督出兵平寇之際，歐大任曾有兩首唱和詩：

「崧台東去過岩城，虎旅遙看十萬行。
山帶星光開曉色，日高雲彩炫春情。
崑崙關外夷方壘，浪泊沙邊漢將營。
平越誰如今制勝，由來神武是先聲。」
　（歐大任《和大司馬總制劉公端州見五雲》）[19]

「海色曈曨雁翅城，軍前授律六師行。
建牙簷鵲頻催曉，飛艦檣烏正喜晴。
即睹鯨鯢新築觀，不勞貔虎更分營。
南征最是波平日，笳鼓旋聽凱樂聲。」
　（歐大任《再和劉公聞鵲志喜》）[20]

據以上兩首七律，可判斷歐大任《大司馬制府劉公邀飲仙花觀，同李方伯、何轉運、陳觀察、黃大參登朗吟樓》一詩當作於劉繼文平定諸寇，凱旋而歸，邀友人、屬吏宴飲於仙花觀之時。然而，此詩題目竟同時出現「仙花觀」與「朗吟樓」這兩個看似不相容的名稱，則兩者要麼是同一建築的正別稱謂，要麼是相鄰不同建築的名稱？經檢索搜查，筆者尚未發現明代兩廣地區有「朗吟樓」這一建築的存在，更不用說與「仙花觀」同時存在了[21]。那麼，如何合理解釋「仙花觀」與「朗吟樓」為同一建置的不同稱謂呢？

// 肇慶七星岩（相片來源：劉曉生）

第一，歐詩中「朗吟」、「百尺樓」、「洞庭」、「荊州」這幾個關鍵字，讓人聯想到八仙之「呂洞賓」。「洞庭」、「荊州」指出呂洞賓的傳說大概起源於北宋嶽州一帶（明代湖廣省包括今湖南、湖北兩省），又傳說呂洞賓曾三醉湖南岳陽樓，並題有詩句「三醉岳陽人不識，朗吟飛過洞庭湖」，故推測「朗吟」、「百尺樓」暗示的是詩人「酒氣已薰」之後意象中的岳陽樓。

第二，前文已論述劉繼文改修「某寺觀」作為祀呂洞賓的場所——仙花觀，此與歐詩中的「仙花觀」同為奉祀呂洞賓，故詩題「朗吟樓」是別稱而「仙花觀」才是正名。同時透露出此「觀」並非傳統單層建築的道觀，而是兩層以上可登覽之「樓」觀這一重要消息。

第三，作為兩廣總督，劉繼文此次宴飲不在省城廣州，即在兩廣總督府駐地肇慶，這也與歐大任致仕後足跡在廣州、肇慶一帶相符合。又詩句中「崧石」（即「崧台」）和「星光」，暗指肇慶七星岩崧台石室，因此，可判斷仙花觀應位於肇慶。

// 上圖及下圖：肇慶利瑪竇博物館位於端
州市麗譙樓（宋徽宗手蹟）內，亦是利
公在肇慶生活時王泮知府辦公的府衙。
（M.Lee 攝）

「仙花寺」為
「仙花觀」之前身

既然仙花觀位於肇慶，且是劉繼文在肇任總督期間改修「某寺觀」用於祀呂洞賓的道觀；又劉繼文曾在驅逐利瑪竇之後徵用仙花寺作為「它用」。從這種種跡象，筆者認為劉繼文所奉祀呂洞賓之仙花觀即是將仙花寺改修而成的。

1. 「寺改觀」的可能性

首先，時間的相承性。利瑪竇於萬曆十七年八月十五日離肇後，仙花寺因被總督徵用而失去（天主）教堂的功能。假定當利瑪竇剛離開肇慶，劉繼文就命工匠塑造呂洞賓像並作記立石，至仙花觀改修完畢，大約需花費數月時間；又前文考證仙花觀修建時間約在萬曆十八年三月至五月之間。可見，仙花觀與仙花寺兩者存在的時間並不衝突（不同時存在），而是具有時間上的相承性。

其次，空間的重疊性。仙花寺位於肇慶府城東石頂崗崇禧塔院內。因劉繼文祀呂洞賓於仙花觀不久又在肇慶七星岩玉屏岩新建三仙觀（祀漢鍾離、李鐵拐、呂洞賓），故可先排除仙花觀位於七星岩的可能性；又總督劉繼文曾特意帶領巡按御史蔡夢說參觀仙花寺 [22]，且廣東地方官員在劉繼文升遷離肇之後於崇禧塔院內修建劉公生祠，這從側面可以反映仙花寺所在的崇禧塔院是劉總督在肇期間最熟悉、最看重的地方之一。因此，劉繼文很可能選擇在仙花寺所在的崇禧塔院內改修「某寺觀」用於祀呂洞賓，即仙花寺在當時最有可能被劉總督改為道觀。

// 劉曉生到訪肇慶市端州區牌坊公園。牌坊上的浮雕記述了利瑪竇在肇慶的點滴。（相片來源：劉曉生）

最後，命名的一致性。查明清肇慶地方誌書，並未發現有以「仙花」命名的寺（觀）廟，故「仙花觀」之得名最大可能來源於「仙花寺」。前文得知歐大任詩題中的「朗吟樓」為仙花觀之別稱，指出該仙花觀本為兩層以上之「樓」觀，這與仙花寺的兩層樓建築格局頗為契合。

因此，從時間的相承性、空間的重疊性與命名的一致性三方面來看，「仙花寺」與「仙花觀」兩者具有高度的脗合性。可以說，仙花寺乃奉祀呂洞賓之仙花觀的前身。至於為何崇禎年間（1633年）重修《肇慶府志》時未有提及仙花寺（觀）及相關石碑？是因時隔數10年寺（觀）廢碑毀，抑或其他原因，已不可得知。

劉繼文「寺改觀」的動機

既然總督劉繼文趕走了利瑪竇並將仙花寺改為仙花觀，那麼，劉繼文「寺改觀」的動機究竟何在？

第一，宗教傾向。萬曆十七年，總督劉繼文抵兩廣總督府駐地肇慶，誓師出兵之前因「慮懷叵測」而多次「籌計問仙」，並得到眾仙之應禱，逾兩月而平定諸寇。凱旋歸肇，為圖報仙恩，劉繼文先是崇祀關羽、張飛、呂洞賓、李鐵拐、何仙姑，又在七星岩玉屏岩新建三仙觀供奉漢鍾離、鐵拐李、呂洞賓，甚至於總督署內設祭壇以朝夕虔誠供奉（某）神仙，最離奇的是竟以東坡仙人托夢而在七星岩石室前撰文並立《迎仙平寇碑》石碑 [23]。而諸仙中，尤以呂洞賓對劉繼文感應至深 [24]，則劉繼文選擇祭祀呂洞賓的場所絕非普通之小道觀，而當時仙花寺所在崇禧塔院則是一處理想的風水寶地。又，總督劉繼文在徵用仙花寺之際，利瑪竇明確請求他毋將仙花寺作為「瀆神和無聊之用」，故當時劉繼文改修仙花寺的最大可能性是用於供奉自己最為崇拜的神仙──呂洞賓。故從宗教傾向來看，劉繼文對仙道的信奉近乎迷狂，這是其「寺改觀」最直接的動機。

第二，政治因素。劉繼文在《三仙觀碑記》中坦言：「若神仙之說，世謂芒渺虛幻，自古望仙學仙者卒罕有得。然其精靈焄爽，翕張歙息，監觀四海，濟利群生，寔與吾儒異科而同旨。余之平寇，默祐兵機，固一驗也。聖人以神道設教，可謂虛幻而不信乎？」可見，迷信仙道的劉繼文還是以儒家自居，只是認為仙道與儒家在「濟利群生」上是殊途同歸的。當時的「天竺僧」利瑪竇代表着佛教慈悲為懷的形象（戒殺生），這對於劉總督平寇（殺敵）這一重大政治軍事行動來

// 牌坊公園入口（相片來源：劉曉生）

說，顯得非常地不合時宜。劉繼文趕走利瑪竇，體現了他當時崇道排佛的一面 [25]。劉繼文因眾神仙「默祐兵機」而成功平寇，之後於多處地方修建道觀奉祀眾仙（如將仙花寺改為仙花觀），這表面上看是其個人圖報仙恩之舉，實則反映了劉總督在大規模殺敵平寇之後，急於借助仙道的力量，在芸芸眾生面前為自己的武治（殺生）尋求一種合法性，並企圖得到心靈的慰藉。故從政治的深層因素來看，劉繼文欲借仙道之尚武以謀求平寇的合法性，這恐怕是其「寺改觀」最根本的動機。

綜上所述，利瑪竇被驅逐出肇慶之後，迷信道教而崇祀仙道人物的兩廣總督劉繼文並沒有霸佔仙花寺作為自己生祠之用，也未將仙花寺改成寺廟用於供佛，而是改仙花寺為仙花觀以奉祀八仙之呂洞賓。

1　利瑪竇著，文錚譯、梅歐金校：《耶穌會與天主教進入中國史》，商務印書館，2014 年，頁 139-140。

2　宋黎明：《神父的新裝——利瑪竇在中國（1582-1610）》，南京大學出版社，2011 年，頁 297。

3　利瑪竇、金尼閣著，何高濟、王遵仲、李申譯，何兆武校：《利瑪竇中國劄記》，中華書局，2010 年，頁 229；利瑪竇著，文錚譯、梅歐金校：《耶穌會與天主教進入中國史》，商務印書館，2014 年，頁 145，載利神父「又請求他們說，這座寓所是用來舉行聖事的，千萬不要用它來做褻瀆神明的事情」。關於利瑪竇對劉總督使用仙花寺的訴求，前後兩個譯本意思基本一致。

4　以肇慶本地文史學者李護暖先生的觀點為代表，詳見李護暖撰：《仙花寺遺址初考》，載《肇慶市地方史專輯》，肇慶市地方誌編纂委員會辦公室編，1985 年 8 月，頁 44-45。（原載《端州報》1985 年第 14 期）

5　《明神宗實錄》，卷 233。

6　明·郭棐編纂：《嶺海名勝記》（二十卷），卷十四《曹溪記》，廣東省立中山圖書館藏本，1596 年刻本，頁 24-27。

7　《明神宗實錄》，卷 235。

8　宋黎明：《神父的新裝—利瑪竇在中國（1582-1610）》，南京大學出版社，2011 年，頁 298。

9　利瑪竇、金尼閣著，何高濟、王遵仲、李申譯，何兆武校：《利瑪竇中國劄記》，中華書局，2010 年，頁 260。

10　轉引自宋黎明撰：《僊花寺與劉公祠在同一地點嗎？——耶穌會在華第一座天主堂考》，載《西江文博》2013 年第 2 期（總第 2 期），頁 42。《耶穌會與天主教進入中國史》（頁 145，譯者注 1）言「劉節齋，號繼文，安徽靈壁人」，該注名、號恰好相反，應為「劉繼文，號節齋」。

11　轉引自宋黎明撰：《僊花寺與劉公祠在同一地點嗎？——耶穌會在華第一座天主堂考》，載《西江文博》2013 年第 2 期（總第 2 期），頁 41。

12　利瑪竇著，文錚譯、梅歐金校：《耶穌會與天主教進入中國史》，商務印書館，2014 年，頁 150、171。

13　宋黎明撰：《僊花寺與劉公祠在同一地點嗎？——耶穌會在華第一座天主堂考》，載《西江文博》2013 年第 2 期（總第 2 期），頁 42，注 12。

14　此碑座一直保存在崇禧塔景區內，未見有從其他地方徵集而來的紀錄，應視為明代崇禧塔院之遺物。

15　劉偉鏗校注，廣東省肇慶星湖風景名勝區管理局編：《肇慶星湖石刻全錄》，廣東人民出版社，1994 年，頁 233，載該碑寬 130.0 厘米，殘高 130.0 厘米，資料不準確。

16　明·郭棐編纂：《嶺海名勝記》（二十卷），廣東省立中山圖書館藏本，萬曆二十四年（1596 年）刻本，卷十六「崧台石室記」，頁 22-24。

17 歐大任撰：《歐虞部集‧蓬園集》，收錄於《北京圖書館古籍珍本叢刊》（第 81 冊），北京書目文獻出版社，1988 年，頁 563。詩題中的大司馬制府劉公，即兩廣總督劉繼文；李方伯，即江南廣德人李得陽，萬曆十八年任參政；何轉運，人物未詳；陳觀察，即江西鄱陽人陳文沖，萬曆十六年與黃時雨同任（廣東）按察司副使；黃大參，即黃士弘。

18 《明神宗實錄》，卷 221。

19 歐大任撰：《歐虞部集‧蓬園集》，收錄於《北京圖書館古籍珍本叢刊》（第 81 冊），北京書目文獻出版社，1988 年，頁 561。

20 同上。

21 廣州越秀山上有著名的「鎮海樓」（又名五層樓），明人題詠多比擬湖南之岳陽樓，並有「百尺樓」之喻，但鎮海樓周邊並無稱「仙花觀」的道觀存在。距鎮海樓約三公里處有道教聖地五仙觀，其後有禁鐘樓（號「嶺南第一樓」），該處雖名樓與道觀相鄰，但與「朗吟樓」與「仙花觀」之名稱並不相符。

22 利瑪竇、金尼閣著，何高濟、王遵仲、李申譯，何兆武校：《利瑪竇中國劄記》，中華書局，2010 年，頁 225-226。

23 據劉繼文撰《迎仙平寇碑》，該石碑原置於肇慶七星岩石室前，現保存於石峒古廟之內，碑身下部分殘損嚴重，碑座無存。

24 《三仙觀碑記》載「余（筆者注：劉繼文）移鎮誓師，慮懷巨測，因籌計問仙。而雲長、翼德與太白仙姑咸為應禱，惟鍾離、純陽再同先降，繼而純陽屢至，迨後李仙亦不餘違」。「純陽屢至」，可見呂洞賓對劉繼文感應最深。

25 筆者認為，劉繼文只是在特定的時空下「排佛」，而非絕對地「排佛」，這從他為南華寺撰寫的《重修南華寺碑記》可以了解到。試想，若當時利瑪竇的中國身份不是和尚，而是一名道士，或許劉總督就不會將他趕到韶關南華寺，而是在改仙花寺為道觀之後就讓利瑪竇繼續留在仙花觀裏守護呂祖純陽了。

肇慶：
山青水秀、人傑地靈

利瑪竇在 1583 年定居肇慶，他的住處就在崇禧塔旁，西江之畔，與高要市遙遙相望。

～李韡玲

根據維基百科資料，肇慶簡稱肇，名稱為宋徽宗御賜，古稱端州。肇慶位於廣東省西部，地處珠江三角洲西部山地丘陵區，地勢西北高、東南低。肇慶目前人口 400 多萬，全市總面積為 14,891 平方公里，市政府設於端州區。

肇慶被國家定為歷史文化名城，從明嘉靖四十三年（1564 年）至清乾隆十一年（1746 年），兩廣總督駐地長達一百八十餘年。肇慶亦是明永曆年間的首都，在秦以前，肇慶是百越族的居住地，後來秦始皇征服百越，肇慶便屬桂林郡和南海郡。後來漢武帝平定南越（南粵）後，便於今日的高要、高明和三水西部、雲浮東部設置高要縣，縣名來自境內的高要峽。而高要峽則因峽山高峻，峽水如腰而得名。2015 年4 月 28 日，國務院批准撤銷高要市，設立肇慶市高要區。

// 左起：李韡玲、張海平、劉靜娣、余三樂、沈昌瑞、范雪梅、李秀梅出席 2016 年 12 月 2-4 日在肇慶舉行的「第四屆利瑪竇與中西文化交流國際學術研討會」後，攝於肇慶的星湖風景名勝區。（相片來源：M.Lee）

肇慶主要景點包括：肇慶宋城牆、牌坊、披雲樓、鼎湖山、星湖、九龍湖、硯洲島、仙女湖、包公祠、七星岩、梅庵、閱江樓、崇禧塔、貞山、六祖寺、懷集燕岩、熱水坑溫泉、德慶盤龍峽、悦城龍母廟等。

利瑪竇在 1583 年定居肇慶，他的住處就在崇禧塔旁，西江之畔，與高要市遙遙相望。

// 崇禧塔與仙花寺遺址石碑（右）（M.Lee 攝）

// 肇慶以出產端硯聞名中外，圖為用硯石製成的各種飾品。（M.Lee 攝）

瑞昌撰寫的《肇慶府志》，其序曰：「肇慶為郡，當兩粵之衝，上控高廉、下俯韶石，左憑廣海、右瞰蒼梧，固嶺南一雄鎮也。」因為形勢險要，自明初以來，兩廣相繼增設巡撫、總督鎮守，並最終選定肇慶為兩廣總督駐節之地。《廣東通志》記載，「自洪武三十二年（1399 年）設撫臣，景泰二年（1451 年）始晉總督兼撫兩廣。成化六年（1470 年）始開府蒼梧以為常。嘉靖四十五年（1566 年），屢以山海軍興，移鎮肇慶。始改闢嶺西憲署為府。其時，間一設撫臣，罷之。隆慶四年（1570 年），廣西始專巡撫。於是，督府獨兼巡撫廣東，節制兩廣如昔，肇慶遂為重鎮。

利瑪竇文化學術交流
活動紀實

肇慶學院希望通過國際學術研討會這個平台，凝聚學界力量，共同探究最新文化成果，進一步研究和深挖利瑪竇歷史文化，為促進中西文化交流與發展作出了積極貢獻。

~ 范雪梅

肇慶學院博物館館長

肇慶學院在 2006 年 12 月主辦了首屆「利瑪竇與中西文化交流學術研討會」。自此，肇慶市與利瑪竇家鄉意大利瑪切拉塔市開始了友好往來與文化交流。

4 年後，肇慶學院與廣東省社會科學界聯合會、澳門基金會、中共肇慶市委宣傳部聯合主辦，肇慶學院與肇慶市社會科學界聯合會承辦「第二屆利瑪竇與中西文化交流學術研討會」在 2010 年 12 月 9 至 10 日於廣東省肇慶市召開。來自港澳地區以及波蘭、法國等國家的幾十位專家學者參加了本次研討會。與會專家學者從不同的角度進行了深入的交流，展開了精彩的討論。2012 年 5 月，肇慶學院與廣東省社會科學界聯合會、澳門基金會合編《利瑪竇與中西文化交流——第二屆利瑪竇與中西文化交流學術研討會論文集》。

2013 年 7 月，肇慶學院與鳳凰衛視聯合製作《嶺南印象：尋找利瑪竇的足跡》專題片。同年 11 月 16 至 17 日，肇慶學院主辦「第三屆利瑪竇與中西文化交流國際學術研討會」，來自波蘭密茲凱維奇大學、澳門大學、南京大學、山東大學、寧夏社科院、暨南大學等國內外高校及科研院所的四十餘名學者聚集廣東肇慶參會。是次研討會後，肇慶學院編著了《第三屆利瑪竇與中西文化交流學術研討會論文集》並於 2015 年 7 月由中山大學出版社印行。

二 第四屆利瑪竇與中西文化交流國際學術研討會的會議地點肇慶學院（M.Lee 攝）

次年 12 月 3 至 4 日，由中國明史學會、廣東省社會科學聯合會主辦，肇慶學院與中國明史學會利瑪竇分會承辦的「第四屆利瑪竇與中西文化交流國際學術研討會」在肇慶學院舉辦，來自美國、法國、德國、意大利、波蘭以及國內多所大學的六十多名專家學者參加會議，圍繞利瑪竇與中西文化交流的主題，從不同的角度進行深入的交流。同時，在 12 月 3 日，「中國明史學會利瑪竇分會」正式掛靠肇慶學院，會長為西江歷史文化研究院院長趙克生教授。

肇慶學院與中國明史學會利瑪竇分會在 2017 年 11 月 26 日共同舉辦了「利瑪竇與中西文化交流」學術沙龍活動。是次學術沙龍主題為「方法與新材料：利瑪竇與中西文化交流研究的展望」，沙龍採用主題報告與討論互動相結合的方式，與會者圍繞主題報告進行了廣泛而深入的交流，省內外學者 20 餘人參加活動。

自 2006 年以來，肇慶學院已成功舉辦了四屆「利瑪竇與中西文化交流國際學術研討會」，第五屆研討會將於 2020 年肇慶學院 50 周年校慶期間舉辦。肇慶學院希望通過國際學術研討會這個平台，凝聚學界力量，共同探究最新文化成果，進一步研究和深挖利瑪竇歷史文化，為促進中西文化交流與發展作出了積極貢獻。

// 來自美國的利瑪竇專家 Prof.
Jean-Paul Wiest（右）與李
韓玲（相片來源：M.Lee）

// 來自德國的利瑪竇專家
Prof. Claudia von Collani
（右）與李韓玲（相片來源：
M.Lee）

// 全體與會學者 2016 年 11 月 19 日在北京市委黨校會後合照
（相片來源：M.Lee）

意大利瑪切拉塔城 與肇慶結為「友好城市」

瑪切拉塔市作為「中西文化交流第一人」利瑪竇的故鄉，與肇慶市在四百年前就結緣。自 2006 年起，肇慶學院主辦首屆「利瑪竇與中西文化交流學術研討會」，之後，肇慶市與瑪切拉塔市開始了友好往來與文化交流。

～范雪梅
肇慶學院博物館館長

2019 年 10 月 29 日下午，意大利瑪切拉塔市 (Macerata) 市長羅馬諾·卡郎契尼（Romano Carancini）率領瑪切拉塔大學美術學院代表、瑪切拉塔市政府工作人員一行赴肇慶學院交流，校方展示歷年來利瑪竇文化學術研究成果，雙方洽商合作專案。之後，瑪切拉塔市代表團一行在吳業春校長（主持行政全面工作）陪同下參觀肇慶學院博物館。

瑪切拉塔市作為「中西文化交流第一人」利瑪竇的故鄉，與肇慶市在四百年前就結緣。自 2006 年起，肇慶學院主辦首屆「利瑪竇與中西文化交流學術研討會」，之後，肇慶市與瑪切拉塔市開始了友好往來與文化交流。此次，由羅馬諾·卡郎契尼市長率領的代表團訪肇，並開展一系列文化交流活動，肇慶學院博物館是其中重要的一站。

// 晚清時期建於利瑪竇墓園前的北京諸聖堂正門，現已
改建為多用途大廈。（相片來源：《ZHALAN 柵欄》）

瑪切拉塔市代表團一行在范雪梅館長的引領解說下，欣賞了極具地方特色的豐富的館藏藏品，如陶器、瓷器、端硯、古琴等，對中華民族優秀傳統歷史文化、西江流域肇慶地區的地方歷史文化有了深入的了解，並盛讚我校博物館藏品的精美。

在西江歷史文化陳列館的軍事主題區間，羅馬諾・卡郎契尼市長駐足觀看明清時期兩廣總督府駐肇時存留的兵器，他說，這些藏品都有其深刻的歷史印記，它們提醒着我們維護世界和平。

在端硯科普館，代表團一行連連讚歎館藏端硯數量之多又如此精緻。他們細聽范館長對端硯文化的講解，並且體驗數位化展示設備，多角度了解端硯的形成、用途、特點以及歷史和典藏價值。

在「琴硯和鳴」專展廳，肇慶學院古琴專修課的學生專門為客人彈奏了古琴曲《仙翁操》。代表團一行對現場的琴式硯和古琴藏品產生了濃厚的興趣，雙方探討良久。他們說，肇慶學院博物館薈萃了許多他們未曾見過的具有中國特色的文藏，真是大開眼界，對這次參觀感到非常滿意！

// 左上圖：意大利瑪切拉塔市市長羅馬諾・卡郎契尼（Romano Carancini）率領代表團赴肇慶學院交流（相片來源：范雪梅）

// 右上圖：范雪梅館長（左一）引領瑪切拉塔市代表團參觀肇慶學院博物館（相片來源：范雪梅）

// 左下圖：代表團在西江歷史文化陳列館「利瑪竇文化」區間（相片來源：范雪梅）

// 右下圖：意大利瑪切拉塔市市長羅馬諾・卡郎契尼（左）與范館長（右）（相片來源：范雪梅）

1583 年，意大利學者利瑪竇通過海上絲綢之路來到中國，肇慶是他走向中國大陸的第一站。他讓當時的中國人第一次接觸到歐洲文藝復興的成果，被譽為中西方文化交流第一人。

在肇慶居住的 6 年時間裏，利瑪竇創造了歷史上的多個第一。利瑪竇在肇慶西江岸邊的崇禧塔東側主持修建了中國大陸第一座天主教堂——「仙花寺」；教堂外還懸掛了利瑪竇製造的中國大陸第一台機械自鳴鐘；其在肇慶繪製了第一份中文世界地圖《山海輿地全圖》；其與羅明堅合編了世界上第一部中西文辭典《葡漢辭典》。此外，利瑪竇還於肇慶傳入了歐洲文藝復興時的成果，比如西方現代數學、幾何、西洋樂器等自然和人文知識。

// 肇慶學院吳業春校長（左六）和博物館館長范雪梅（右四）及瑪切拉塔市長 Romano（右五）與各嘉賓在博物館大門前留映。（相片來源：范雪梅）

車公庄大街地鐵六號線內的壁畫（部分）（M.Lee 攝）

因此，肇慶那時成為中西方文明真正全面交流的樞紐。如今，肇慶正挖掘利瑪竇及海上絲綢之路的深刻內涵，打造中西文化交流園，讓更多的人了解這座千年古城的歷史文化底蘊。

肇慶學院博物館積極配合肇慶市與瑪切拉塔市共建「友好城市」，專門在展廳內設置利瑪竇在中國作中西文化交流的內容，希望讓觀眾更深入的了解利瑪竇為中西文化交流作出的突出貢獻，了解肇慶這個國家歷史文化名城燦爛的特色文化。

1552 年 10 月 6 日：於意大利瑪切拉塔（Macerata）出生。

1571 年：入耶穌會修道。

1572 年：入讀由耶穌會主辦並在當時歐洲最有名的羅馬學院。

1578 年：從葡萄牙隨商船出發踏上到遠東傳教之路。航程 6 個月。第一站為印度果阿（葡萄牙殖民地）。時為 26 歲。

1579 年：與羅明堅神父合著的《葡漢辭典》出版。

1580 年：於印度科欽晉鐸成為神父。

1582 年：離開果阿，東渡至澳門，歷時 2 個月。工作是協助耶穌會遠東區會長范禮安神父處理一切會務。

同年：繪《萬國輿圖》。

1583 年：進入中國，落腳肇慶。

1584 年：出版《輿地山海全圖》，為中國歷史上第一幅中文世界地圖。

同年：位於肇慶的中國第一座天主教堂仙花寺落成。

1589 年：兩廣總督劉節齋（或稱劉繼文）徵用仙花寺地段，但未能在肇慶另撥居所予利瑪竇等神父。經過一番拉鋸商討之後，（期間利瑪竇曾暫居澳門），准許利瑪竇一眾前往韶關，並在此建立另一座天主教堂。

同年：利瑪竇有意把中國曆法改為公曆，以便中國人了解羅馬天主教的瞻禮日和各種慶節。

1592 年初春：利瑪竇好友瞿太素力勸利氏脫去僧服改穿儒服。

1594 年 11 月：在范禮安會長的批准下，與郭居靜神父一起改穿儒服。

同年：把儒家四書（《論語》、《孟子》、《大學》、《中庸》）譯成拉丁文寄回羅馬，向歐洲人介紹中國及其文化與哲學。

1595 年：北上南京。由於沒有許可證，於是折返南昌暫住。

同年：利瑪竇的第一本中文著作《交友論》面世。

1596 年：另一本中文著作《西國記法》出版。

同年：完成《天主教義》大綱；被委任為中國傳教區會長。

1598 年：通過南京抵達北京。

1599 年：因未能覲見明神宗萬曆皇帝，折返南京。

同年：開始編著《四元行論》。

1600 年：再修訂及刻印《萬國全圖》，並改名《山海輿地全圖》。

同年：由龐迪我神父陪同重返北京。

1601 年：利瑪竇決定以著述及出版為傳教方法。

同年 1 月 24 日：奉皇帝諭旨進京呈上貢品。皇帝特愛自鳴鐘，並命利瑪竇隨時進宮教授內官如何修理自鳴鐘。同時在宣武門附近購地，興建聖母無原罪天主堂，通稱南堂，目前仍在。

1602 年：《坤輿萬國全圖》在北京重印第三版。

1603 年：利瑪竇印製著作《經天該》。

1605 年：出版《天主教要》及《二十五言》。新會院舉行開幕儀式。

1607 年：得徐光啟協助，翻譯並出版《幾何原本》。

1608 年：開始撰寫《中國傳教史》，並出版《畸人十篇》及《兩儀玄覽圖》新版世界地圖。

1609 年：在北京創立第一個天主教善會「天主之母善會」並訂立章程。

1610 年：訂合同購土地，用於葬同會已故兄弟。

同年 5 月 3 日：病情日益嚴重。

同年 5 月 11 日：在北京息勞歸主，享年 57 歲。

~特別鳴謝~
ACKNOWLEDGEMENTS

本書得以順利完成及出版，
必須向下列朋友及機構深表謝忱：

- 周守仁神父（耶穌會中華省會長）
- Fr. Stephan Peter Rothlin SJ
- Ms. Paola Guida (Head of Fashion &
  Beauty Division at Italian Trade Commission New York)
- 余三樂教授
- 李秀梅女士
- 范雪梅女士
- 侯明女士
- 柯毅霖神父 (Fr. Gianni Criveller, PIME)
- 黃啟江醫生
- 黃岐醫生
- 孫旭義神父
- 梁啟光神父（慈幼會會士）
- Sr. Pauline Yuen (MIC)
- Ms. Melody Tang and The Good Hope School Choir

- 王博文先生
- 王玲玲女士
- Ms. Francesca Olivotti
- Ms. Alena Tang
- 周建華先生
- 李柳婷女士
- 葉翠華小姐
- 歐陽珍妮女士
- Mr. Thomas Lee
- Mr. Ming N
- 李華明先生
- 李梁潤琼女士
- Ms. Irene Cheung
- 梁偉平先生
- Mr. Tyrone Mong
- 恩保德神父 (Fr. Giovanni Giampietro, PIME)
- 澳門利氏學社
- 肇慶利瑪竇博物館 (麗譙樓)
- 北京行政學院
- 美國舊金山大學利瑪竇研究所
- 紀歷有限公司
- Mr. Andy Lowe

THE INTRIGUING JOURNEY OF

Matteo Ricci

利瑪竇的奇妙人生

編著
李韡玲

責任編輯
周宛媚

裝幀設計
羅美齡

排版
羅美齡、楊詠雯、何秋雲

出版者
萬里機構出版有限公司
香港北角英皇道499號北角工業大廈20樓
電話：2564 7511
傳真：2565 5539
電郵：info@wanlibk.com
網址：http://www.wanlibk.com
　　　http://www.facebook.com/wanlibk

發行者
香港聯合書刊物流有限公司
香港新界大埔汀麗路36號
中華商務印刷大廈3字樓
電話：2150 2100
傳真：2407 3062
電郵：info@suplogistics.com.hk

承印者
美雅印刷製本有限公司
香港九龍觀塘榮業街6號海濱工業大廈4樓A室

出版日期
二零二零年六月第一次印刷
二零二零年八月第三次印刷

規格
特16開（240mm x 170mm）